Adam Smith, Human Nature

애덤 스미스, 인간의 본질

『도덕감정론』에서 배우는
보다 나은 삶의 방식

애덤 스미스, 인간의 본질

오가와 히토시 지음 | 김영주 옮김

Adam Smith,
Human Nature

이노다임북스
Innodigm Books

Adam Smith, **Human Nature**

1759년 4월 하순,
한 권의 책이
런던 서점가에 진열되었다.
『도덕감정론』
저자는 애덤 스미스.

인간의
본질이란
무엇인가?

동감,
공평한 관찰자,
허영 ......

이상적인
사회란
무엇인가?

정의,
보이지 않는 손,
질서 ……

당신이 알지 못했던
애덤 스미스가
조용히 이야기를 시작한다…….
도덕감정론의 세계에
오신 것을 환영합니다.

도덕감정론이 당신을 구제한다!

경제학의 시조로 널리 알려진 애덤 스미스가 왜 '인간의 본질'을 이야기하고 있는지, 의문스럽게 생각하시는 분들도 계실 겁니다. '본질'이라고 하면 좀 딱딱하게 들릴 듯하지만, 그가 『도덕감정론』에서 밝히고자 했던 것은 인간이 타인에 대하여 동감(同感)하고, 그 결과 비난을 피하게 된다거나 오히려 평가받으려 한다거나 자애로움을 갈망하기도 하는…… 바로 그런 인간다움이었습니다. 바꿔 말하자면, 그것은 현대를 살아가는 우리들과 마찬가지로 일상에서 느끼는 감정이나, 그 결과로 취할 수 있는 행동의 '동기'를 탐구하는 것입니다. 스미스는 그러한 인간의 행위를 정밀하게 분석해야만 경제나 사회의 구조를 설명할 수 있다고 생각했던 것입니다.

'도덕'이라는 말을 들으면, 설교나 늘어놓는 이미지가 떠오를지도 모르겠습니다. 그러나 일단 안심하셔도 되는 것은, 이 『도덕감정론』은 결코 설교하는 식의 어떤 규칙을 설명한 책이 아니라는 점입니다.

누구나 마음속에 가지고 있는 윤리관의 흐름을 설명하는 것이라서, 타인에게 피해 주는 것을 반성하자는 것이 아니라, 오히려 자신의 이익을 우선하는 이기심을 좇아 일을 하고, 야심을 가지고 돌진하는 그런 허영에 빠진 당신을 인정해 주는 책입니다.

예를 들어, 생각 없이 그저 돌진하기만 한다면 어딘가에서 실패할 가능성이 있습니다. 도가 지나쳤던 탓에 자신이 궁지에 빠질 뿐만 아니라 인간관계를 망치는 결과를 가져오는 경우도 있을 것입니다. 그럼 자신과 주위 모두 불행해지고 맙니다.

그러니 이왕이면 이기심이나 야심, 허영 같은 감정을 잘 길들여서 보다 발전적으로 살아가는 비결을 이야기하고 싶은 것입니다. 사실 그런 것이야말로, 여기서 말하는 도덕의 의미입니다. 최근 출판된 평전 『애덤 스미스와 그 시대』(하쿠스이샤)의 저자 니콜라스 필립슨은 『도덕감정론』을 가리켜 '자신과 주위 환경에 있어서 쾌적하게 생활하는 기술을 분명히 하는 이론'이자, '그것은 윤리학 이론임과 동시에 사교성 이론'이기도 하다고 말하고 있습니다.

지금 현재도 장래가 불안한 이 나라에서, 무턱대고 열심히 하는 것만이 과연 최선이라고 할 수 있을까요? 고전의 역할은 불안한 일상과 미래에 하나의 지침을 일러 준다는 점에 있습니다. 오랜 시간 읽혀

온 고전에는 보편적인 에센스가 담겨 있으니까요. 저는 이 책을 통해, 현대인을 구제하는 구세주로서 애덤 스미스라고 하는 뛰어난 철학자를 소개하고 싶습니다.

애덤 스미스로 말하자면, 누구나 '신의 보이지 않는 손'이라는 글귀를 떠올릴 수 있을 것입니다. 그러나 사실은 그것이 '보이지 않는 손'으로밖에 표현되어 있지 않다는 점이나, 그의 두 권의 저서『도덕감정론』과『국부론』에서 각각 한 번씩밖에 등장하지 않은 개념이라는 점은 별로 알려져 있지 않습니다.

어쩌면, 『도덕감정론』이라는 저서가 애덤 스미스의 주요 저서 중 하나라는 것을 알고 있는 사람도 얼마 없을지도 모르겠습니다. 물론 일반적으로 잘 알려진 것은『국부론』입니다만, 『도덕감정론』에는 스미스가 일생에 걸쳐 주장해 온 주제가 몇 번의 개정을 거듭하며 논의되고 있습니다. 이것은 최근 연구에서 밝혀지기 시작했으며, 기존의 스미스에 대한 인식을 뒤엎는다는 점에서 상당히 중요한 점으로 주목받고 있습니다.

따라서 이 책에서는『도덕감정론』에 초점을 맞춰, 그 내용을 소개함과 동시에 현대를 살아가는 우리에게 주는 시사점을 풀어 나갈 것입니다.

현대 사회에서 애덤 스미스를 참조한다고 하면, 개개인이 앞뒤 가리지 않고 열심히 노력하면 그것이 자연스레 경제 성장으로 이어진다고 하는 식의 이야기를 상상하실지도 모르겠습니다.

왜냐하면, 일반적인 스미스 사상의 이미지란 '시장에서 개인이 이익을 추구하는 것이, 결과로서 적절하게 분배되고, 신의 손에 이끌려 자연스럽게 경제가 성장해 간다' 라고 하는 것이기 때문입니다.

하지만, 제가 여기서 소개하고 싶은 것은 스미스가 설명한 또 하나의 방법론에 대한 것입니다. 한마디로 말하자면, **이기심을 추구하는 것을 인정하면서도, 거기에 도덕적 제재를 가하기 위한 방법**이라고 할까요. **그것에 의해서야 비로소 우리들은 이 경쟁 사회를 쾌적하게 잘 살아 낼 수 있다고** 생각합니다.

이것은 비즈니스에서뿐만 아니라 일상생활에서도 마찬가지입니다. 이기심을 추구하는 것은 인간의 본능으로 보면 당연한 것이지만, 그것이 도가 지나쳐 불러일으키는 사회 문제는 너무 많아 일일이 셀 수가 없습니다.

그것은 누구나 알고 있는 사실이겠지만, 자신의 의지로 제동을 거는 것도 꽤나 어려운 일이라는 것 또한 사실입니다. 인간의 나약함이라 해도 좋을지 모릅니다. 다만, 그렇다고 해서 포기한다거나 될 대로 되라는 식의 태도를 취해서는 안 됩니다. 그것이 큰 실수가 되어 치명적이 될 가능성도 있기 때문입니다.

거꾸로 말하면, 만약 도덕에 의해 스스로 제동을 걸 수 있는 현명함을 지닐 수 있다면, 다른 사람보다도 '잘 사는 것'이 가능하게 됩니다. 그것은 누구나 할 수 있는 것이 아니기 때문이지요. 『도덕감정론』은 보다 나은 삶의 방식을 위한 그러한 지침이라고도 할 수 있습니다.

여기서 본론으로 들어가기에 앞서, 『도덕감정론』을 둘러싼 시대 배경 등에 대해서 간단히 소개하겠습니다. 명저(名著)이기는 해도 18세기에 쓰인 책이다 보니 현대와는 거리감이 느껴질 법한 이야기도 나올 것입니다. 그것을 사전에 이해해 두면, 내용을 쉽게 받아들일 수 있을 것입니다.

우선, 이 책은 '도덕'이라는 말이 붙어 있듯이, '도덕 철학'을 주제로 하고 있습니다. 도덕 철학이란 무엇인가 하면, 모든 행동의 규범이자 그것에 대해 본질로 거슬러 올라가 생각하는 학문을 가리킵니다. 그런 의미에서 윤리학, 정치 철학의 책이라고 해도 좋을 것입니다.

당연한 말이지만, 인간의 행동은 사회에서 영위되고 또 그런 인간의 행동이 사회를 만들어 갑니다. 따라서 도덕 철학의 사정거리 범위에는 사회의 존재 방식은 물론, 경제의 존재 방식도 포함되어 있습니다.

스미스는 그런 도덕 철학을 스코틀랜드의 글래스고 대학에서 배우고, 훗날 자신이 직접 가르치게 됩니다. 참고로, 스미스는 흔히 '경제학의 시조'라든가 '경제학의 아버지'라고 불리는데, 그것은 스미스 이전에 본격적인 경제학 이론이 존재하지 않았다는 것을 의미합니다. 즉, 스미스도 처음부터 경제학을 연구했던 것이 아니라 어디까지나 도덕 철학을 연구하는 철학자였던 것입니다. 스미스가 도덕 철학에 눈을 뜬 것은 스승인 허치슨의 영향이 컸다고 합니다.

허치슨은 스코틀랜드의 계몽기라 불리는 18세기에서 19세기에 걸쳐 스코틀랜드에서 부흥했던 철학의 한 계파의 중심인물이었습니다. 당시의 스코틀랜드는 1707년에 영국으로 통합된 지 얼마 되지 않은 때라, 한창 스스로의 정체성을 찾아 모색하던 중이었습니다. 특히 영국 스타일의 이기주의적인 자본주의와 자신들의 전통적인 도덕적 가치관을 어떻게 융합시켜 가야 할지 고민하고 있었습니다. 그들을 흡수한 18세기의 영국은 경제가 발전하고 기술 혁신도 진전되어 가는 한편, 빈부 격차와 재정난으로 골치를 앓고 있었습니다. 스코틀랜드 입장에서도 당장 내일 똑같은 처지가 될지도 모르는 상황이었던 것입니다. 그들의 도덕 철학의 모티브 근저에는 그러한 사회적 배경이 깔

● ● ● 프란시스 허치슨(1694~1746) 아일랜드 출신의 도덕 철학자. 존 로크의 영향을 받아 도덕관념은 미적 관념과 같다고 하였다. 그렇기에 타자(他者)는, 도덕적 동기를 감지하는 것에 의해 인간의 행위에 호감을 가질 수 있다고 설명했다. 이러한 일련의 도덕 철학 속에서 도덕 감각(모럴 센스)이라는 말을 정착시켜 갔다. 또한, 애덤 스미스나 데이비드 흄에게 지대한 영향을 준 것으로도 유명하다. 저서로 『미와 덕의 관념의 기원』, 『도덕 철학 체계』 등이 있다.

려 있었다고 할 수 있습니다.

여담이지만, 이 원고를 한창 집필하고 있던 중에 마침 스코틀랜드의 독립을 둘러싸고 주민 투표가 실시되었습니다. 300년의 세월을 지나 묻게 된 독립의 시비는 전 세계로부터 귀추가 주목되었습니다. 결과적으로는, 독립에 대한 결의는 부결되었지만 스코틀랜드의 발언권은 증가했다고 말할 수 있습니다. 이 무렵 저는 신기하게도 스코틀랜드 계몽 철학자들의 목소리가 들리는 것 같은 기분이 들었습니다. 글로벌리즘이라는 파도에 휩싸여 잘못된 방향으로 나아가지 말고, 올바른 길을 걸으라고 말하는 철학자들의 목소리가 말입니다. 어쩌면 그들의 목소리가 스코틀랜드 사람들을 다시 일어서게 한 것일지도 모르겠습니다.

그런데, 그런 스코틀랜드의 계몽 철학자 중 한 명인 허치슨은 '도덕 감각(모럴 센스)'이라고 하는 인간 공통의 감각이 사회 질서를 형성하고 있다고 생각했습니다. 스미스가 계승한 것도 그러한 공통 감각의 존재였습니다. 다만, 허치슨의 도덕 감각은 '이타주의'로 일관되어 있어서 스미스에게는 너무나 현실감이 결여되어 있는 것처럼 비춰졌습니다. 그래서 그는 오히려 '이기심'에 주목했습니다. 따라서 스미스의 경우에는, '도덕 감정(모럴 센티멘트)'이라고 하는 다른 표현을 사용하게 된 것입니다.

그 외에도, 교류가 있었던 동시대 철학자 흄에게 받은 영향도 간과할 수 없습니다. 스미스는 계몽에 있어서 이성 만능주의에 대해 비판적인 태도를 취했었는데, 거기에는 마찬가지로 이성에 대해 정념(情念)의 우월함을 주장했던 흄의 강력한 영향이 있었습니다.

그런 동시대 계몽가들의 영향을 받으면서, 스미스는 그 시대에 가장 요구되어야 할 사상을 모색하고자 했던 것입니다. 어떤 의미에서 그것은 서양에서 가장 긴 역사를 가진 '자유'라고 하는 개념의 전환을 꾀하는 일대 프로젝트였다고도 할 수 있습니다. 역사를 살짝 들여다보면, 명예혁명으로 인해 왕권에 대한 시민의 자유를 빠르게 쟁취한 것은 영국이며, 그 명예혁명을 이론적으로 정당화했던 것이 영국의 사상가 로크였습니다. 로크는 누구에게도 침해받아서는 안 될 개인의 생존에 필요한 권리로서 자연권의 의의를 설명했습니다. 그 자연권에서부터 소유권의 본질을 설명하기 시작하는 것으로 경제적 자유의 기초를 제시했다고 할 수 있습니다. 거기에 애덤 스미스가 등장해 자유로운 경제 활동이야말로 사회 질서를 형성하는 것이라고 설명했던 것입니다.

그 무렵 미국은 독립을 이루고, 경제적 자유는 국가가 보장해야 하는 인권으로서의 시민권을 얻습니다. 머지않아 그것은 세계 제일의

••• 데이비드 흄(1711~1776) 스코틀랜드 출신의 철학자. 존 로크가 완성시킨 경험론을 한층 더 추진하여 실체의 동일성을 부정하는 것으로 회의론을 주장하기에 이른다. 요컨대, 모든 것은 나타났다가 사라지는 '지각의 묶음'에 지나지 않는다고 주장했다. 또한 도덕에 관해서는 '이성은 정념의 노예다'라고 하여 감정에 기초를 둔 윤리적 반이성주의를 주장한다. 박해를 받았던 루소를 비호했던 것으로도 유명하다. 저서로 『인간 본성론』, 『도덕 원리의 탐구』 등이 있다.

자본주의 국가를 만들어 내는 원리로서 커다란 역할을 하게 됩니다.

즉, 스미스는 '자유'의 개념을 사회를 형성하는 사상으로 전환시켜 현대로 이어지는 자본주의 국가의 초석을 다졌다고 해도 과언이 아닙니다.

그럼 다시 본론으로 넘어와, 오랫동안 등한시되었음에도 불구하고 지금 다시 『도덕감정론』이 각광을 받는 이유는 무엇일까요? 아마도 거기에는 경제를 과도하게 중시하고, 반대로 도덕을 극단적으로 경시해 왔던 현대 사회의 반성이 있는 것이 아닐까 생각됩니다. 이제까지 또 다른 저서인 『국부론』만 언급되어 왔던 것도 그러한 경제를 중시한 현상 때문이라고 볼 수 있겠지요.

그러나 현대 사회에서 나타나는 모순으로 인해 도덕에 대한 관심이 높아지기 시작한 까닭에, 특히 일본에서 『도덕감정론』에 주목하고 있는 것 같습니다.

스미스가 이 책을 썼을 무렵의 스코틀랜드와 현대의 일본이 어딘가 모르게 비슷한 상황에 놓여 있다는 점도 영향을 주고 있는지도 모르지요. 시대는 다르지만, 양쪽 모두 글로벌리즘에 사로잡혀 오래된 전통과의 사이에서 정체성이 문제시되고 있습니다.

● ● ● 존 로크(1632~1704) 영국의 철학자. 영국 경험론의 완성자. 데카르트 등의 합리론자들이 주장하는 생득 관념을 비판하고, 모든 것은 경험에서 생겨난다고 주장했다. 또한 정치사상의 분야에서는 홉스나 루소와 나란히 사회 계약설의 입장에서 우수한 이론을 제기했다. 그 사상은 자연권을 의회에 신탁하고, 만약 의회가 인민의 의향에 따르지 않으려 한다면, 저항권이 인정된다는 것이다. 미국 독립 선언이나 프랑스 인권 선언에 커다란 영향을 주었다. 저서로 『인간 지성론』, 『통치론』 등이 있다.

경제 활동에 매진하는 것이 운명처럼 당연시되는 이런 시대에, 자기 자신을 잃지 않고 타자와도 잘 공존하면서, 그러면서 크게 성공을 이루기 위해서는 어떻게 하면 좋을 것인가?

이 책에서는 그런 21세기 자본주의 사회의 규범적인 삶의 방식을 애덤 스미스의 사상에서 배워 가고자 합니다.

차 례

차례

시.작.하.며
도덕감정론이 당신을 구제한다! 11

1장 인간에게 있어 가장 중요한 것은 무엇인가?
| 동감이라는 발견 |

동감이 마음을 고문한다? 28
자신과 타자와의 경계선 35
동음이 아닌 협화음을 지향한다 42
서로 이해하기 위한 노력이란? 46
마음속에 '공평한 관찰자'를 육성하자 52

2장 올바른 세상이란 무엇인가?

| 정의론 |

사회의 규칙으로 연결되는 자혜와 정의 62
스미스의 정의론 66
정의와 의무의 관계란? 72
자혜 정신 78

3장 규칙을 만들면 그것으로 충분한가?

| 완전한 사회 질서 |

규칙이란 무엇인가? 88
'보이지 않는 손'에 담긴 진의(眞意) 91
잘나 보이고 싶은 마음 98

4장 왜 우리는 노력하는가?
| 인간에게 동기 부여가 되는 칭찬과 비난 |

타인의 평가를 먼저 의식하는 리스크 108
인정받고 싶은 욕구보다 앞선 것 114
여론보다 스스로의 양심을 우선시하자 120

5장 돈벌이는 나쁜 것인가?
| 돈벌이와 양립하는 덕 |

돈은 마음의 평정을 약속해 주는가? 128
덕(德)이란 무엇인가? 134
'재산을 향하는 길' 과 '덕을 향하는 길' 137
허영심을 에너지로 바꾼다 140

6장 글로벌리즘에 어떻게 마주해야 하는가?
| 덕의 보편성 |

조국애와 글로벌한 덕은 양립하는가? 158
스미스의 코스모폴리타니즘 163

마.치.며
보이지 않는 손이 연결하는 공공 철학 173

※ 본문에서 인용한 『도덕감정론』의 부분은 미즈다 히로시 번역, 이와나미문고
   상·하권을 텍스트로 하고, 「스미스 · 상/하」라고 해당 페이지를 표시하였다.

Adam Smith, **Human Nature**

1^장

인간에게 있어
가장 중요한 것은
무엇인가?

—

동감이라는 발견

—

동감이 마음을 고문한다?

자기는 스스로가 가장 잘 안다고 하는데, 과연 정말 그럴까요? 저는 인간이지만, 인간의 존재에 대해서는 모르는 것 투성입니다. 왜 슬픈 마음이 드는 건지, 왜 이런 행동을 저지르는지. 그걸 알 수 있다면 후회하는 횟수도 훨씬 줄어들겠지요. 인간에게 있어서 사물의 본질을 탐구하는 철학이라는 행위는, 어떤 의미에서는 인간 존재의 의미를 밝히는 것을 목적으로 하고 있습니다. 풀리지 않는 수수께끼이기 때문에 계속 답을 찾는 것입니다.

그중에서도, 인간이 이기적인가 그렇지 않은가에 대한 것은 영원한 난문제라고 할 수 있습니다. 여러분은 자신이 이기적이라고 생각하십니까, 아니면 이타적이라고 생각하십니까?

양자택일하라고 하면 상당히 어려우시겠지요. 때때로 인간은 굉장히 이기적인 행동을 할 때도 있는가 하면, 또 다른 경우에는 자신을 희생해서라도 타인을 구하려고 하기도 합니다. 인간은 원래 선한 존재인가 악한 존재인가 하는 성선설과 성악설을 따지는 것은 아니지만,

이기적인지 이타적인지 하는 질문에도 신학 논쟁에 버금가는 대립이 있다고 할 수 있습니다.

과연 인간을 이기적인 존재라 할 수 있을지 없을지. 이 질문에 대해 애덤 스미스는 『도덕감정론』의 모두(冒頭) 제1부 제1편에서 다음과 같이 답하고 있습니다.

인간이 아무리 이기적(利己的)인 존재라고 하더라도, 분명히 그 본성에는 몇 가지 원리가 있는데, 이 본성으로 인해 인간은 타인의 행운이나 불운에 관심을 가지게 되고, 그들의 행복을 관찰하는 쾌락 이외에는 얻을 수 있는 것이 아무것도 없는데도 타인의 행과 불행에 관심을 갖고 관찰하는 것이 필요하다고 생각한다. 이런 종류의 본성에 속하는 것이 연민과 동정인데, 이것은 타인의 비참한 모습을 눈으로 보거나 마음속에서 아주 생생하게 느낄 때 우리가 느끼는 감정이다. 우리가 타인의 슬픔을 보고 종종 슬픔을 느끼게 되는 것은, 그것을 증명하기 위해 아무런 예를 들 필요도 없을 만큼 명백한 사실이다. (스미스·상, p.23)

요컨대, **인간은 결코 이기적인 존재가 아니라, 타인의 상황을 통해**

서도 감정을 가질 수 있다는 것입니다(| 그림 1-1| 동감의 구조). 예를 들어, 불쌍한 사람을 보면 동정의 마음이 드는 것처럼 말이지요. 게다가 스미스는 이에 대해서는 증명할 필요가 없을 만큼 당연한 것이라고 거리낌 없이 말합니다.

우리가 타인의 상황에 대해 감정을 느낄 수 있는 것은 상상력이 작용하기 때문입니다. 상상력은 인간이 당연히 갖추고 있는 능력 중 하나이므로 따로 증명할 필요는 없을 것 같습니다. 그럼 이런 경우, 상상력은 어떻게 작용할까요?

스미스에 따르면, 타인의 감정에 대한 우리의 상상력은 "그의 몸 속으로 들어가, 어느 정도 그 사람이 되어 그의 다양한 감동에 대해 어떤 관념을 형성하는"(스미스·상, p.25) 것에서 생겨나는 것 같습니다. 이것이 동포(同胞) 감정의 원천이라고 여겨지는 이유입니다. 마치 타인에게 빙의하여 스스로 똑같은 경험을 하는 것 같은 이미지이지요.

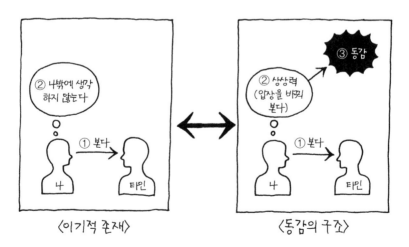

| 그림 1-1 | 동감의 구조

분명, 우리는 비참한 일을 당한 사람들의 이야기를 뉴스에서 들은 것뿐인데 마치 유사한 체험을 한 것 같이 가슴이 먹먹해지는 느낌을 받곤 합니다. 교통사고, 유괴, 살인……. 스미스가 그야말로, **"공포와 걱정은 인간의 마음속에 있는 거대한 고문자(拷問者)"**(스미스 · 상, p.33)라고 표현한 것처럼 생판 모르는 남의 일인데도 불구하고 우리는 괴로워합니다. 다름 아닌 자기 자신의 상상력이 마음속에 고문을 가하고 있는 셈입니다.

물론, 반대로 타인이 기뻐할 때나 자랑스러워할 때는 우리도 또한 기쁜 마음이 들기도 하고 자랑스러운 마음이 들기도 합니다. 여러분도 자기 나라의 국가 대표 선수가 올림픽에서 메달을 땄을 때, 마치 자신의 일처럼 자랑스럽게 느껴졌던 적이 있지 않은가요?

이런 타인의 감정이나 행위에 대해 적절성을 판단하는 마음의 작용을, 스미스는 '동감(sympathy)'이라고 일컬었습니다(물론, '공감'이라는 번역도 있으나 여기서는 '동감'으로 통일합니다.).

동감이라는 개념 자체는 당시 도덕 철학자들 사이에서는 잘 알려졌던 것으로, 스미스의 독창적인 개념은 아닙니다. 다만, 이 책의 '시작하며'에서도 소개했던 『애덤 스미스와 그 시대』 중에서 필립슨은 스미스의 개념의 신기성(新奇性)을 다음과 같이 표현하고 있습니다.

스미스는 이 친숙한 사고방식을 단순히 이해하고 있었다기보다 많은 것을 설명할 수 있는 힘을 가진 것으로 생각하고 있었다. 그의 훌륭한 공적은 이것을 상업의 일반 이론의 토대가 되는 사교성 이론의 지배적인 원리로 바꿔 놓았다는 것이다. (『애덤 스미스와 그 시대』 p.196)

즉, 스미스는 **동감이라는 말이 가진 의미를 특별한 것으로 만들었다**는 의미입니다. 게다가 그것은 사교성 이론의 지배적 원리가 되었다고 합니다. 사실 이것은 역사상의 대발견이라고 해도 과언이 아니지요. 어쨌든 이 개념은 고대 그리스 이래, '나' 즉 개인을 중심으로 전개해 온 철학의 역사를 대전환시킨 것이었기 때문입니다.

'나'를 중심으로 전개해 온 철학의 한 가지 도달점은 근세 프랑스의 철학자 데카르트의 코기토라고 일컬어지는 것입니다. 코기토란, '코기토 에르고 숨(Cogito, ergo sum)', 이른바 '나는 생각한다, 고로 존재한다.'의 라틴 어 번역입니다. 모든 것은 의심할 수 있지만, 자기의식으로서의 '나'만큼은 의심할 수 없다. 따라서 자기의식으로서의 '나'야말로 가장 중요하다는 의미입니다.

••• 르네 데카르트(1596~1650) 근세 프랑스의 철학자. 철저히 사물을 의심한다고 하는 '방법적 회의'의 수법을 확립하였다. 그 결과 의심할 수 없는 것은 자신의 의식뿐이라고 하는 뜻의 '나는 생각한다, 고로 존재한다.'라는 말을 낳았다. 또한, 그것으로부터 마음과 몸을 별개의 것이라고 생각하는 심신 이원론을 주장한다. 철학에 그치지 않고 수학이나 자연학, 생리학 등의 폭넓은 분야에서도 많은 업적을 이루었다. 저서로 『방법서설』, 『정념론』 등이 있다.

세상에는 무수한 '나' 가 있고, 그 무수한 '나' 가 모여서 사회를 구축하고 있습니다. 그러므로 데카르트에 따르면 자신의 입장에서 다른 사람은 타자(他者)이자, 그것은 더 이상 자신과는 관계가 없는 별로 중요하지 않은 사람이 되어 버리는 셈입니다.

그러나 동감이라고 하는 타자와의 관계성에 주목함으로, 스미스는 오히려 인간이 복수(複數)의 사람들 사이의 동의를 전제로 하는 간주관적(間主觀的)인 존재, 또는 사회적 존재인 것을 명확히 했습니다(|그림 1-2| 철학사에서 말하는 동감의 의의).

실제로 스미스는 이 **동감이라고 하는 개념이 사회 질서를 형성하고 있다**고 생각합니다. 그것이야말로 『도덕감정론』의 주제이고, 또한 이를 경제 질서에 대해 응용한 것이 바로 『국부론』인 것입니다.

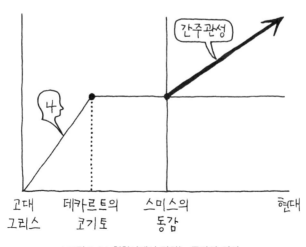

| 그림 1-2 | 철학사에서 말하는 동감의 의의

어쩌면, 현대 사회의 많은 문제는 이 스미스가 말한 동감이 부족한 점에서 기인하고 있는 것은 아닐까요? 그것이 제가 제시하는 문제의식입니다. 즉, 공감 능력이나 상상력의 결핍이 여러 가지 문제의 근원인 것 같은 느낌이 듭니다. 다른 사람의 기분을 고려하지 않기 때문에 사회가 제각각이 되는 것은 아닐까요? 자본주의가 지나치게 강화되고, 경쟁에서 실패한 사람에게는 눈길도 주지 않게 삭막해져 버린 것은 공감 능력이나 상상력이 결여되어 있기 때문은 아닐까요?

그렇다고는 해도, 타자는 어디까지나 타자일 뿐, 자신과는 다른 존재입니다. 결론짓기에 앞서 우리는 과연 타자에게 어디까지 동감할 수 있는 것인지, 이를테면 자신과 타자와의 경계선을 탐구해 보고 싶습니다.

자신과 타자와의 경계선

타자(他者)란 어떤 존재일까요? '나 이외'의 다른 사람이라는 사실임에는 틀림없습니다.

그럼 그 특징은 무엇일까요? 프랑스의 사상가 레비나스는, 타자(他者)란 '자기 내부에 넣을 수 없는 절대적으로 다른 존재'라고 합니다. 과연 그런 타자에게 어디까지 개입할 수 있을까요?

어느 정도 약간은 타자의 내부로 들어갈 수 있다 하더라도, 자신과 타자는 역시나 다른 인격체입니다. 다른 사람의 감정을 이해하는 것에도 한계가 있는 것이지요. 예를 들어, 똑같은 영화를 보더라도 감동을 느끼는 방법은 사람마다 각자 다릅니다. 가령 모두가 울었다고 하더라도 그 이유나 정도는 각양각색일 것입니다. 더군다나, 실제로 고통을 당한 사람과 그것을 옆에서 지켜본 사람이 똑같은 감정일 수는 없습니다. 이러한 것은 여러분도 경험해 본 적이 있을 것입니다. "네가 내 고통을 알기나 해?", "너는 내 마음을 몰라." 등의 말을 해 봤다거나 들어 본 적이 있지는 않은가요?

• • • 에마뉘엘 레비나스(1905~1995) 프랑스의 유대 인 출신 철학자. 유대 인으로서 강제 수용소에 끌려갔으나 기적적으로 생환했다. 자신의 출신인 유대교 연구에도 힘썼으며 '타자'를 주제로 사색을 전개했다. 저마다 다른 '얼굴'을 의식함으로써 자신과는 다른 절대적 존재로서의 타자를 인식할 수 가 있다고 주장했다.
저서로 『전체성과 무한』, 『존재와 다르게 : 본질의 저편』 등이 있다.

스미스는 상상의 산물과 달리, 실제 신체에 관련된 사항일 경우 완전하게는 타인의 내부로 들어갈 수 없다고 말합니다.

상상으로부터 기원하는 여러 정념들의 경우에는 사정이 이와 완전히 다르다. 내 친구의 육체에 일어난 어떤 변화가 나의 육체에 영향을 주는 일은 거의 없다. 그러나 내가 가진 상상력은 훨씬 유연하여 다양한 상황들을 생각해 내기 때문에 나와 친한 사람들의 상태와 표현을 더욱 쉽게 받아들인다. (스미스 · 상, p.74~75)

즉, 신체는 직접적, 물리적으로 타인에게 작용하기 때문입니다. 이런 경우, 완전히 똑같은 일이 그 사람의 신체에서 벌어지지 않는 이상, 완전히 똑같은 감정을 느끼는 것은 불가능할 것입니다. 그러니까 격투기도 웃으면서 볼 수 있지요. 그렇지 않다면, 시종일관 소리를 질러대고 있을 겁니다. 영화나 드라마 속의 수술 장면 같은 데서는 아예 기절해 버리지 않을까요?

또한 가령 과거에 똑같은 경험을 했던 적이 있다고 해도 시간이 지나면 감각은 변하는 법입니다. 이에 비해, 신체와 관계없는 상상의 경우에는 무엇이든 할 수 있는 것입니다. 적어도 스미스는 그렇다고 생각합니다. 따라서 타인의 굶주림에 대한 고통은 진정한 의미에서는 알 수가 없을지라도, 전 재산을 잃은 고통은 알 수 있다는 것입니다.

하지만, 그런 이야기만 해서는 동감이 성립되지 않습니다.

굶주려 본 적이 없더라도, 그리고 타인과 위장을 공유할 수 없더라도 배가 고파 괴로워하는 사람에게 동정을 느낄 필요는 있는 것입니다. 그렇지 않으면 세상은 아주 각박해질 테니까요. 완벽만을 갈망해서는 안 됩니다.

다만, 그 점은 스미스도 알고 있었던 듯, 그는 예술 작품에 대한 상상에 대해서는 다음과 같이 말했습니다.

우리는 이와 같은 방식으로 우리의 상상력에 호소하는 모든 예술 작품들을 판단한다. 한 비평가가 어떤 거장의 시나 회화 작품을 검토할 경우, 그는 때로는 자신의 마음속에 있는 완성에 대한 관념을 가지고 그것을 검토한다. 그러나 어떤 인간의 작품도 결코 그 완성의 관념에는 도달할 수 없을 것이며, 그가 예술 작품을 그런 기준과 비교하는 한, 그가 그 속에서 볼 수 있는 것은 결점과 불완전 외에는 아무것도 없을 것이다. 그러나 그가 같은 종류의 다른 작품들 속에서 그것이 유지해야 하는 지위를 고려하게 되면 그는 필연적으로 그것을 상당히 다른 기준에서 비교하게 된다. 즉, 그 비교 기준은 특정 예술이 통상 도달해 있는 보통 정도의 탁월함이 된다. (스미스·상, p.67~68)

즉, 자기 안의 완벽한 작품을 염두에 두면 그 이외의 예술은 전부 엉터리라고 여기게 되어 버립니다. 그러나 어떤 종류의 예술은 이렇구나 하는 눈으로 보면 조금 더 상대적인 평가가 가능해집니다. 예술을 바라볼 때는 물론 어느 쪽이 맞는다고 할 수는 없지만, 타인의 감정에 대한 동감이라고 하는 점에서는 후자가 아니면 결코 서로 이해할 수 없을 것입니다.

결국, **동감이란 자신의 감정과 타인의 감정이 서로 겹치는 싱크로 상태**라고, 일단은 말할 수 있을 것 같습니다. 우리는 그 상태를 찾고 있는 것입니다. 자기가 하는 말에 모두가 공명(共鳴)해 주었을 때는 기분이 좋은 법이지요.

싱크로 상태는 때로 박수로 표현되기도 하고, 일제히 터지는 웃음이나 감탄의 목소리로 표현되기도 합니다. 우리는 그 감탄의 정도에 따라 공명의 정도를 짐작합니다. 그리고 그것이 크면 클수록 즐거운 감정을 느끼게 되는 것이지요.

그렇기 때문에 감정 표현은 과장스럽다고 할 정도가 좋습니다. 서로 어느 정도 공명했는지 명확해지기 때문입니다.

좋다고 느끼면, 느낀 그대로 말을 하고 박수를 치고 일어서서 환호를 해야 합니다. 무엇인가를 표현하지 않으면 상대는 좋아하는 건지 알 수 없으므로 다음에 같은 것을 해도 좋은 건지 어떤 건지 판단할 수 없게 되니까요. 그것은 행위를 한 쪽도 그것을 받아들이는 쪽도 서로에게 있어 마이너스라고 할 수 있습니다. 서로 좋다고 느꼈으면, 그것을 확인할 필요가 있습니다.

스미스는 그 감정을 '상호적 동감의 쾌락'(스미스·상, p.36)이라고 부릅니다(|그림 1-3| 상호적 동감). 네, 동감은 쾌락입니다. 스미스에게 있어 '동석자들의 왁자지껄한 웃음소리는 그에게 고도로 쾌적한

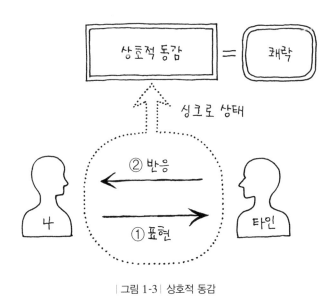

|그림 1-3| 상호적 동감

것이며, 자신의 감정에 대해 그들이 보여 주는 이 호응을 최고의 갈채라고 간주한다.'(스미스 · 상, p.37)라고 하듯이 말이죠.

따라서 **우리는 서로 동감해 주기를 바라고 발언하며, 행동하게 되는 것**입니다. 바꾸어 말하면, 타인의 입장에서 잘 보이도록 행동하게 된다는 것입니다. 실은 저는 이 개념에서 큰 가능성을 발견하였습니다. 그 힌트를 준 것이 『계몽 · 개혁 · 혁명』(이와나미서점)에 수록되어 있는 오쿠다 다로 씨의 논문 「흄과 스미스」의 다음 구절입니다.

스미스의 논의는, 어떠한 문제에 응답할 때 그것에 관하여 최종적으로는 사리에 맞는 의의를 도출할 수 있다고 하는 전제가 깔려 있지만, 거기까지 도달하려면 어디까지나 사회관계를 결부하는 개인 간의 상호적 공감의 전개가 필요하다는 틀을 취하고 있다. 이 틀은 현대에서 이유의 윤리학과 친화적이며, 또한 숙의(熟議) 민주주의론에도 어떠한 시사를 줄 수 있을지도 모른다. 예를 들면, 오늘날과 같은 초과학 시대에는, 이해의 '결여 모델'에 입각한 전문가에서부터 비전문가에 이르기까지 과학 커뮤니케이션을 초월하고, 숙의(熟議)를 거쳐 이유를 탐구하는 대중 참여를 촉진시키기 위한 기초 이론으로서, 스미스의 상호적 공감론을 재조명

할 필요성이 있을지도 모른다. (『계몽 · 개혁 · 혁명』 p.145)

요컨대, 스미스의 상호적 동감이 전문가와 비전문가 같은 비대칭적 커뮤니케이션의 가교 역할로서 새로운 가능성을 간직하고 있다는 것입니다. 특히 오쿠다 씨는 이때 숙의(熟議)와 같이 공공의 대화 속에서 해답을 찾아간다는 방향성에 주목하고 있습니다. 저는 숙의 추진론자이자, 또한 시민 대화의 장으로서 '철학 카페'를 실천하는 실천자이기도 하므로, 여기서 말하고자 하는 것을 잘 알 수 있습니다.

오쿠다 씨는 가능성으로서 시사하는 것에 그쳤지만, 감히 그것을 받아들이고 제 스타일대로 생각한다면, 거기에는 종래 결여되었던 '쾌락으로서의 커뮤니케이션'이라는 요소가 드러나는 것처럼 생각됩니다.

스미스가 말하는 상호적 동감의 쾌락이 비대칭성과 난해함, 혹은 커뮤니케이션에 잠재된 모든 곤란을 극복하는 계기가 될 것으로 생각하기 때문입니다. 구체적으로는 이러한 쾌락을 얻기 위해서 인간은 타인에게 좋게 보일 수 있는 언행을 하는 셈인데, 바꾸어 말해 그것은 바로 타인에 대한 최대한의 배려를 한다는 것입니다.

동음이 아닌 협화음을 지향한다

그러나 문제는 어떠한 언행이 좋게 보일지 판단할 때의 기준입니다. 즉, 자신의 주관을 기준으로 해도 되는지 아닌지 하는 것이지요. 그 판단이 독선적일 경우도 있을 수 있습니다. 스미스도, '때때로 우리는 타인에 대해 어떤 정념을 느끼게 되지만, 정작 그 자신은 그런 감정을 전혀 느끼지 않는다.' (스미스·상, p.31)고 말하고 있습니다. 그것은 어디까지나 타인의 입장에 대한 상상이 그의 마음속이 아닌, 바로 우리 자신 안에서 마음대로 생겨난 것이기 때문입니다.

그렇다고 하면, 아무리 자신은 좋다고 생각해서 하는 것이더라도 다른 사람의 눈에는 이상한 행동으로 보이게 되는 경우도 있을 수 있다는 것입니다. 쓸데없는 참견이라는 것은 여기에서 생겨나는 것일 지도 모르지요. 상대는 이것을 바라고 있을 거야 하며 제멋대로 상상하여 지나친 행동을 하게 되고, 그 결과 상대가 불쾌함을 느끼는 경우가 바로 그렇습니다.

과연, 자신과 타자의 감각이 똑같아지는 일이 있을 수 있을까요?

이에 대해 스미스는 다음의 두 가지 패턴을 들어 설명하고 있습니다.

우리는 타인의 감정에 대한 적정성과 부적정성을, 그것이 다음의 두 가지 경우에 우리의 감정에 일치하는지 그렇지 않는지에 따라 판정해도 좋다. 첫째는, 감정을 자극하는 대상이 우리 자신에게나 우리가 판단하려는 사람의 감정과 어떤 특별한 관계없이 생각되는 경우이고, 둘째는, 그 대상이 우리와 그 사람 둘 중의 어느 한쪽에 특별히 영향을 미친다고 생각되는 경우이다. (스미스 · 상, p.50~51)

첫 번째 패턴은 이른바 자신과 타자 모두 괴로움이 발생하지 않은 경우입니다. 함께 같은 경치를 바라보고 있을 때처럼 이런 경우, 양자는 같은 관점에서 사물을 바라보고 있어서, '감정과 의향의 완전한 조화'를 만들어 낼 수 있습니다. 따라서 동감이나 동감이 발생하는 상상 속의 입장 교환을 할 필요가 없다는 것입니다.

이에 비해 두 번째 패턴은 자신이나 타자 중에 괴로움이 발생한 경우입니다. 예를 들어 자신에게만 괴로움이 있다면, 자신이 그 괴로움에 대해 고찰하는 것과 완전히 똑같은 관점에서 타자는 그것을 볼 수는 없습니다.

하지만 그래도 어느 정도의 조화를 추구하는 것은 가능합니다. 이 것이 스미스 논의의 포인트입니다. 그는 다음과 같이 말합니다. '그러나 명백한 사실은, 이 두 가지 감정은 상호 대응하는 경우도 있으나 사회를 조화롭게 하기에는 이것으로 충분하다. 그것은 결코 동음 (unison)은 아니더라도 협화음(concord)일 수 있으며, 사회가 필요로 하고 요구하는 것은 이것이 전부이다.'(스미스 · 상, p.57~58)라고.

동음이 아니라 협화음이라도 만들어 낼 수만 있다면 동감에 의해 사회 질서를 유지할 수 있을 것입니다. 타인의 괴로움을 완전히 이해하는 것은 무리더라도, 이런 것을 하면 상대가 이렇게 느끼겠지 하는 것은 일단 알게 될 것입니다. 그리고 그것을 알게 된다면 상대가 싫어하는 행위는 자제할 수 있을 것이고, 반대로 상대가 좋아하는 행위를 하게 되겠지요. 그것이 사회 질서를 형성하는 것으로 연결되는 것입니다.

협화음이라는 것은 상당히 좋은 표현인 것 같습니다. 반대어인 불협화음과는 달리, 복수의 음이 조화를 이루고 있는 상태를 말하는 것이니까요. 완전한 동음은 무리더라도, 서로 조화를 이루는 협화음 정도만으로도 충분하다고 생각하면 그런대로 어떻게든 될 것 같습니다. 동음이 된다는 것은 물론 확률적으로 어렵지만, 다른 음이라도 아름답게 서로 울리게 된다고 생각하면 확률은 조금 높아지겠지요?

같은 인간인 이상, 조건만 이해할 수 있다면, '이럴 경우에는 괴로워하겠지? 혹은 즐거워하겠지?' 하는 것은 상상할 수 있을 것입니다. 따라서 그런 한도 내에서 자신의 주관으로써 타자의 감정을 헤아리면 되는 것입니다. 또, 그렇게 할 수밖에 없습니다.

여기서 제가 중요하게 생각하는 것은 모두가 협화음을 전제로 한다는 것입니다. 동감을 받고자 하는 쪽도 어차피 상대방이 이해하는 것은 이 정도일 것이라고 인식하고 있으면, 다소 동감이나 이해를 받지 못하는 것 같더라도 납득할 것이라고 생각하기 때문입니다.

상대에게 완벽한 동감, 소위 동음을 바라는 것은 생떼를 부리는 것과 같습니다. 그렇게 되면 '아무도 나를 이해해 주지 않아.' 라는 식의 한탄하는 처지에 놓이고 맙니다. 자신이 타인에게 공명할 때도 협화음 정도로, 타인에게 자신이 요구하는 공명 또한 협화음 정도로. 그런 사회적 합의가 필요하지 않을까요?

서로 이해하기 위한 노력이란?

협화음으로 일치하기 위한 노력에 대해서 이야기를 해 볼까요.

협화음을 만들어 내려면 그 나름의 노력이 필요합니다. 멍하니 있어서는 타인의 기분을 알 수 없으니까요. 다른 사람의 기분을 이해하지 못하는 사람은 알려고 하지도 않는 법입니다. 제멋대로이거나 타인에게 무관심하거나 둘 중 하나이지요. 다른 사람의 기분을 이해하는 것은 쉽지 않습니다. 어디까지나 자기와는 다른 인격, 자기와는 다른 감정을 가진 타인이니까요. 그렇기 때문에 노력이 필요한 것입니다.

여기서 일단 소개하고 싶은 것은 라파엘이 『애덤 스미스의 철학사고』에서 논하고 있는 두 가지 노력에 대해서입니다. 라파엘은 스미스가 말하는 노력에는 두 종류가 있다고 합니다. 하나는 '경험하게 된 격한 감정을 약하게 하는 노력', 또 하나는 '상상적 재현의 연약함을 강하게 하는 노력' 입니다. 그리고 이들은 서로 다른 덕성, 즉 자기 규제의 덕과 상냥한 인간성, 혹은 감수성의 덕이라는 두 가지에 상응한다고 합니다.

즉, 전자는 상대의 기분에 다가가기 위해서 일단은 차분해지도록 노력하라는 것입니다. 때로 우리들은 흥분한 나머지 과잉된 반응을 하게 되어 냉정한 판단을 할 수 없기 때문입니다. 라파엘은 이 감정을 가라앉히는 노력을 중시했고, 여기서 스미스의 본질을 보고 있습니다. 그 이유는 다음과 같습니다.

　　스미스의 윤리학설은 그의 젊은 시절에 에픽테토스를 읽고, 그에게 강렬한 인상을 준 스토아학파의 윤리학의 최전선에 위치해 있었다. 에픽테토스는 로마 제국 시대에 그리스의 한 노예였는데, 훗날 해방이 되고 나서도 젊은 시절의 노예의 경험이 그에게 의연한 태도로, 소위 현재의 '금욕적인' 체념의 덕이라고도 불릴 법한 태도로, 인생의 무거운 짐에 대처하는 것을 가르쳤던 것이다. (『애덤 스미스의 철학 사고』 p.37~38)

라파엘은 스미스 윤리학의 배경에 스토아학파의 금욕적인 덕이 있다는 것을 중요하게 생각했습니다. 하지만 타자에게 동감하기 위해서는 역시 그것과 똑같은 만큼의 상대 감정을 재현하려는 노력이 필요하다고 생각합니다. 시간이 지나면 인간은 평정심을 되찾습니다. 그렇게 되면 오히려 남의 일인 만큼 감정을 키우는 노력이 요구될 것이기 때문입니다. 실제로 스미스는 이 상상적 재현의 약한 부분을 강하게 하는 노력에 대해서는 보다 엄격함을 요구하고 있습니다.

> 그는 그의 동료(주요 당사자)의 모든 사정을, 가장 세세하고 부수 적인 것들까지도 함께 받아들여야 하며, 그의 동감의 기초인 상상 속 입장의 교환을, 가능한 한 완전한 것으로 하도록 노력하지 않으 면 안 된다. (스미스 · 상, p.56)

어떻습니까? 이것은 상당히 엄격한 요구라고 할 수 있지 않을까 요? 스미스는 두 가지 단계를 설정하고 있습니다. 먼저, 어떤 사정이 든 모두 받아들일 것. 상대가 처한 사정을 가능한 한 알려고 노력하지 않으면 안 되기 때문입니다. 통찰력이 힘이 되는 것은 당연한 것. 요즘 시대에는 인터넷을 사용하면 대개의 정보를 얻을 수 있습니다.

그 다음에, 어떻게 그런 상대의 기분이 될 수 있을까 하는 것입니다. 타인의 고통을 이해하는 인간이 되지 않으면 안 된다고 하는데, 이것은 상상력의 문제입니다. 눈을 감고 무심(無心)의 상태가 되어 마치 상대 방이 된 것처럼 상상을 합니다. 그런 변신 과정이 요구되는 것입니다.

그렇습니다. 스미스가 말하는 '상상 속 입장의 교환'은 바로 변신입니다.

이해가 잘 안 된다는 사람을 위해, 어느 사고(思考) 실험을 소개하도록 하겠습니다. A라는 사람의 몸에 뇌를 이식하게 된 B는, 과연 A인가 B인가 하는 문제입니다. 몸은 A인데 뇌는 B인 것이죠. 물론 본인은 B라고 생각하겠지만, 주위에서는 A라고밖에 인정해 주지 않습니다. 바로 이러한 상황을 가정하면 되는 것입니다. 만약, 본인의 뇌만 타인의 몸에 들어가면 어떨까 하고 상상을 하는 것이지요. 무엇인가 머릿속에 그려지나요?

그럼에도 불구하고 이런 변신을 방해하는 것이 우리 안에 잠재된 이기심이라고 봐도 좋겠습니다. 이것은 또 하나의 본능이기 때문에 성가시지만 어쩔 수 없습니다. 그럼 도대체 어떻게 이 성가신 이기심을 억제해야 할지, 스미스는 이렇게 말합니다.

타인을 위해 많은 것을 느끼되, 자신을 위해서는 조금밖에 느끼지 않는 것, 이렇게 우리의 이기적인 생각은 억누르고 자애로운 생각을 방임하는 것이 인간의 본성을 완성짓고, 그것만이 인류가 가진 다양한 감정과 정념의 조화를 만들어 낼 수 있는 것이다. 품위와 적정성의 전체는 거기에 있는 것이다. (스미스 · 상, p.63~64)

인간에게는 이러한 덕이라는 것이 있어서, 그것이 이기심을 억제하고 있다는 것입니다. 이기심이 전혀 없을 수는 없겠지만, 타인을 위해 많은 것을 느끼려고 하는 노력이라고 해도 좋을 것입니다. 스미스는 그것을 '자연의 위대한 계율'이라고도 표현하고 있습니다.

인류가 조화롭게 공존할 수 있도록 자연이나 신이 마치 계율과도 같이 동감 능력을 내려 준 것일지도 모릅니다. 그러니 우리에게는 노력해야 할 의무가 있는 것입니다. 이기심을 억누르고 타인의 감정에 동감하는 능력을 부여받은 이상, 그것을 발휘하는 것이 우리의 사명이라고 할 수 있습니다.

인간에게 주어진 능력이라 함은 대체로 그런 것입니다. 생각하는 능력을 받았으므로 필사적으로 생각합니다. 저는 가끔 인터넷의 문제점을 예로 들어 이야기합니다만, 인터넷은 지나치게 편리해서 우리에게서 생각해야 하는 작업을 빼앗고 있습니다. 해답을 손쉽게 검색할 수 있다면 누구나 생각하지 않게 되어 버리는 것이지요.

세상에는 수십 억의 인구가 있으니 모든 일은 대부분 누군가가 알고 있을 것입니다. 원래는 본인의 머리로 해답을 도출해야 하는데, 인터넷은 타인의 지혜를 그대로 인용할 수 있도록 한 것입니다. 하지만 그렇게 되면 '생각'하는 능력은 자체적으로 퇴화하게 될 것입니다. 사용하지 않는 능력이 퇴화되는 것은 당연한 이치입니다. 타자만 치면 손 글씨를 잘 못 쓰게 되고, 계산기만 사용하면 암산을 못하게 되는 것만 보아도 명백한 사실입니다.

이것은 동감 능력에서도 딱 들어맞습니다. 동감하려고 하지 않으면 머지않아 동감하지 못하는 인간이 되고 말 것입니다. 반대로 어떤 능력이든 단련할 수 있듯이 항상 타인의 감정을 알려고 노력한다면 동감 능력은 향상될 것입니다. 그것은 그야말로 정신의 성장입니다.

타인의 감정을 이해하는 사람일수록 성숙한 인간으로 평가됩니다. 조직에서도 그런 인물이 남들보다 위에 오를 수 있는 것입니다. 사무 처리 능력이 우수하다는 식의 표면적인 능력이 높은 것만 가지고는 제대로 된 인간으로 평가되지 않습니다. 남들보다 위에 선 사람이 아래에 있는 사람들, 즉 부하나 동료의 감정을 알지 못하면 아무도 그를 따르지 않겠지요.

다시 말해, 성숙한 사람은 자신의 내부에 많은 판단 재료를 가지고 있을지도 모릅니다. 따라서 어떤 사람의 어떤 기분도 이해할 수 있는 것입니다. 스미스가 이상으로 여기는 것도 그런 능력이라고 할 수 있습니다.

마음속에 '공평한 관찰자'를 육성하자

다양한 판단 재료를 마음속에 갖는 것이 이상적이기는 하지만, 그것은 도대체 구체적으로 어떤 상태를 말하는 것일까요? 설마 다중 인격으로 상대에 따라서 자신의 인격을 나눠서 써야지 하는 것은 아니겠지요. 다중 인격자는 복수의 인격을 가지고 있다고는 해도 그중 어느 한 가지밖에 바깥으로 표현되지 않습니다. 즉, 동시에 많은 인격이 표현되고 있는 것은 아닙니다.

오히려 여기서 요구되는 것은 동시에 많은 인격을 가지고 상대를 이해하는 것입니다. 갓난아기에게는 아기의 마음으로, 가족을 잃은 사람에게는 가족을 잃은 사람의 마음으로 대하는 것. 게다가 그것은 시시각각 변화해 가는 것입니다. 인격의 유연성 같은 것이 요구되는 것이라고 생각하는 편이 이해하기 쉬울 것 같습니다. 스미스는 이것을 다음과 같이 표현하고 있습니다.

그렇게 일방적인 판단으로부터 우리 자신을 방위하기 위해, 우리는 자신과 타인 사이의 재판관을, 우리 자신의 마음속에 마련하는 것을 배우는 것이다. 우리는 스스로가 상당히 공평하고 공정한 인물, 즉 자기 자신에게나 자신의 행동으로 인한 여러 이해(利害)관계에 있는 사람들에게나 아무 특별한 관계를 갖고 있지 않은 인물의 눈앞에서 행위하고 있는 것처럼 생각하는 것이다.

그는 본인 스스로에게 있어서나 우리들의 입장에서도, 아버지도 형제도 친구도 아니라 그저 한 인간, 중립적인 관찰자이자 우리의 행동을, 우리가 타인의 행동을 볼 때와 마찬가지로 이해관계가 없이 고찰한다. (스미스 · 상, p.307)

즉, 우리는 흡사 재판관처럼 이해관계가 없는 마음속의 '공평한 관찰자'에 의해 자신과 타인의 행위를 판단하고 있다는 것입니다. 그렇게 함으로써 다양한 입장에 있는 사람들의 감정을 이해할 수 있는 것입니다. 재판관에게는 그리한 능력이 요구됩니다. 만약 재판관이 "당신처럼 특이한 사람의 감정은 모르겠어."하고 말해 버리면 더 이상 재판은 성립되지 않습니다. 누구든 받아들일 수 있는 유연함이 필요합니다. 조금 전에 제가 인격의 유연성이라고 표현한 것은 이러한 이유에서입니다.

재판관 같은 공평한 관찰자란, 결코 자기 자신도 타인도 아닙니다. 양쪽의 입장에 입각한 제삼자입니다.

물론 재판관은 공평하지요. 그중에는 예외도 있습니다만, 기본적으로는 납득할 수 있는 판단을 합니다. 그렇기 때문에 재판 제도가 성립되고 있는 것입니다. 재판관은 공평하게 판단할 수 있도록 훈련을 하고 있을 텐데, 우리들 마음속의 관찰자는 어떨까요?

다시 말해, 공평한 관찰자는 어떤 식으로 공평성을 유지하고 있을까요? 그 부분에서 참고가 되는 것이 '중용'이라는 개념입니다. 중용이란, 딱 알맞은 적당한 상태를 가리키는 말인데, 스미스도 이 개념을 언급하고 있습니다.

우리 자신과 특별한 관계에 있는 대상으로 인해 생겨날 수 있는 모든 정념의 적정성, 즉 관찰자가 공감할 수 있는 정도의 수준이 일종의 중용임은 분명한 사실이다. 만약, 그 정념이 지나치게 높거나 아니면 지나치게 낮거나 하면 관찰자는 공감할 수가 없다. (스미스 · 상, p.69)

재판관이 되어 중용을 판단해 보라 하면, 갑자기 난이도가 높아진

것 같은 기분이 들겠지만 실제로 진짜 재판관이 되는 것은 아니니까요. 게다가 **중용이라는 것도 상식과 같은 것입니다**(|그림 1-4| 공평한 관찰자의 탄생). 그렇게 생각하면 현실적이지 않을까요?

쉽게 말해, '냉정한 세상의 이목' 정도로도 괜찮습니다. 사실 이것은 애덤 스미스 연구자이자 본서에서 인용하고 있는 이와나미문고의 번역에도 참여한 미즈다 히로시 씨가 『애덤 스미스』(고단샤) 속에서 사용한 표현입니다. 미즈다 씨는 이렇게 말했습니다.

즉, 세상이든 사회이든, 그것은 자신과 같은 인간의 모임에 지나지 않는다.

현재 본인이 하는 어떤 행위에 대해서는 세상 사람들에게 판단되지만, 다른 경우에는 세상의 일원이 되어 타인을 보게 된다. 각각의 사람들이 행위자가 되기도 하고 관찰자가 되기도 하면서 살

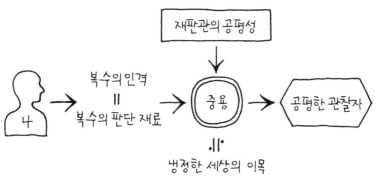

|그림 1-4| 공평한 관찰자의 탄생

아가는 것이므로, 그렇기에 모든 사람들이 자기 스스로를 관찰자의 입장에서 바라보면 어떨까 하는 상상을 할 수 있는 것이다. (미즈다, 『애덤 스미스』 p.66)

냉정한 세상의 이목은 본인 스스로가 느껴 본 적도 있을 것이고, 이용해 본 적도 있을 것입니다. 한 발 물러선 냉정한 입장에 서서 사회적 관점으로 바라보는 것이 냉정한 세상의 이목이며, 스미스가 말한 공평한 관찰자인 것입니다.

공평한 관찰자 덕분에 사회 질서는 형성되어 갑니다. 이를테면 올바른 세상의 형태가 만들어진다고 생각합니다.

더욱이 그것이 가능한 것은, 우리는 어느 순간 행위자가 되기도 하고 다시 관찰자가 되기도 하는 식으로 주객이 바뀌는 것을 무수히 되풀이하면서 살아가고 있기 때문입니다. 세상은 자신을 비추는 거울이라고도 말하는데, 누군가를 관찰자의 입장에서 보고, 그 사실을 염두에 두고 행동하기 때문에 세상의 이목을 기를 수 있는 것입니다. 이것이 스미스의 이론입니다.

그래서 생각해 낸 것이 공공적 사항의 타당성을 논리적으로 이끌어 내는 '공공적 추론(public reasoning)'이라는 개념입니다. 재판에서 하는 판단이 전형적인 예입니다. 어느 개별적인 사건에 대해 다양한 사정을 감안한 후에, 어떻게 해서 모두가 납득하는 판결이 가능할까요? 그것은 바로 공공적 정당화를 위한 이론화가 확실히 뒷받침되고 있기 때문입니다.

이것은 재판장에서만이 아니라 시민 사회에서, 혹은 공공 사회에서의 모든 문제와 관련되는 사항입니다. 그와 동시에 재판관뿐만 아니라 모든 시민이 짊어져야 하는 일이라고도 할 수 있습니다. 즉, 사회에서 일어나는 문제에는 사회 구성원인 우리 개개인이 납득할 만한 해결책이 주어져야 합니다.

그것은 그 문제에 관계된 당사자 한 사람 한 사람의 문제입니다. 이것저것 다 재판으로 결정할 수는 없으므로 누구나 공공적 추론을 할 수 있는 능력을 갖출 필요가 있겠지요.

실은 이 문제에 대해서는 미국의 정치 철학자 스티븐 마세도가 『자유주의적 덕(德)』(후코샤)에서 상세하게 논하고 있는데, 그만큼 더욱 스미스의 공평한 관찰자 개념과 공공적 추론의 개념은 중복되어 보입니다. 어떤 의미에서 공공적 추론이라는 것은 세상의 정의를 이끌어 내기 위한 논리인 셈입니다.

그리고 세상의 정의를 이끌어 내기 위한 논의를 일반적으로 정의론이라고 합니다. 그럼 다음 장에서는 공평한 관찰자의 이론도 정의론으로서 파악하여 그 메커니즘을 고찰해 보고자 합니다.

1장 정리

인간이 타인의 상황을 상상하고 '동감' 하는 것이야말로, 가장 중요한 행위이다.
서로 동감해 주기를 바라며 말하고 행동함으로써 사회의 질서도 성립된다.

Adam Smith, **Human Nature**

2^장

올바른 세상이란
무엇인가?

———

정의론

———

사회의 규칙으로 연결되는 지혜와 정의

누군가를 막 때리고 싶을 만큼 화가 나면 여러분은 어떻게 하십니까? 또는, 타인의 물건이 너무나 갖고 싶어서 참을 수 없을 때는요?

설마 진짜로 때린다거나 훔치거나 하는 사람은 없을 것이라 생각합니다. 보통은 때리고 싶다고 생각은 하더라도 말로 하거나, 갖고 싶은 물건을 얻을 수 없는지 협상을 하지 않을까요? 아니면, 어떠한 경우라도 참는다는 사람들도 많을 것이라 생각합니다. 왜냐하면, 우리들의 세상에는 규칙이 있기 때문이지요.

대부분의 국가에서도 때리거나 물건을 훔치는 행위는 '정당하지 않다'고 여겨집니다. 그런 행위를 인정하는 나라가 있다면 그것은 정당한 세상이라고는 할 수 없을 것입니다. 그럼 정당한 세상은 대체 어떻게 만들 수 있을까요?

그것은 바로 앞에서 말씀드렸던 '동감'과 관계가 있습니다. 말하자면, **동감으로 인해 누구나 공평한 관찰자와 같이 판단할 수 있게 된다**면 다들 타인의 눈을 의식하기 시작할 것입니다. 그리하여 사람들 사

이에 어떤 종류의 질서가 형성되어 갑니다. 그런 의미에서 동감이라는 발견이 가져온 가장 큰 성과는 사회 질서가 형성되는 메커니즘을 분명하게 한 점이라고 할 수 있습니다(|그림 2-1| 동감에서 사회 질서로). 이에 대해 스미스는 다음과 같이 말하고 있습니다.

그러나 자연(조물주)은 이토록 중요한 약점을 전혀 어떤 구제책도 없이 그대로 방치해 두지 않았고, 우리가 자애심(自愛心)의 망상에 빠지도록 내버려 두지도 않았다. 다른 사람들의 행동에 대한 우리의 지속적인 관찰은 자신도 모르게 우리 스스로가 무엇은 하고, 무엇은 하지 말아야 타당하고 적절한가에 대한 어떤 일반적 규칙을 형성하도록 한다. (스미스 · 상, p.328)

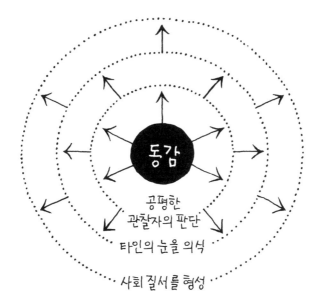

|그림 2-1| 동감에서 사회 질서로

'남의 행동을 거울삼아 자신의 행동을 고쳐라.' 라는 말을 종종 하곤 합니다. 자기 안의 공평한 관찰자가 계속해서 타인을 관찰해 가며 점점 사람은 '일반적 규칙'이라는 이름의 바른 행동의 모델을 형성해 간다는 것입니다.

그리고 스미스는 이 일반적 규칙을 두 종류로 분류했습니다. 하나는 마음속 공평한 관찰자가 칭찬할 가치가 있다고 판단하는 모든 행위는 추진되어야만 하는 것이고, 다른 하나는 마음속 공평한 관찰자가 비난할 만하다고 판단하는 모든 행위는 회피되어야 한다는 것입니다.

전자를 타인의 이익을 증진시키는 행위를 하는 것을 지칭하는 '자혜(慈惠, beneficence)' 라 하고, 후자를 타인의 생명, 신체, 재산, 명예에 상처를 입히는 행위를 하지 않는 것을 지칭하는 '정의(正義, justice)' 라고 정리하겠습니다.

스미스는 다음과 같이 표현했습니다.

그러나 자혜의 덕이 결여되었다고 해서, 비록 합리적으로 기대되는 이익[선]이 실현되지 못해 우리를 실망시키는 일이 있을지도 모르지만, 우리가 자신을 방위해야 할 필요가 있을 정도로 위해(危害)를 가하는 것도 아니며, 그것을 의도하는 것도 아니다.

하지만 세상에는 또 하나의 덕이 있는데, 그것을 지키는 것은 우리 자신의 자유 의지와 상관없이 무력으로 강요되어도 좋고, 이를 지키지 않을 경우 분개의 감정을 일으켜 나아가 처벌을 받게 되는 종류의 것이 있다.

그 덕은 바로 정의이며, 정의를 침범하는 것은 침해이다. 그것은 당연하게 부인(否認)되어야 할 동기로부터 어떤 특정한 사람들에게 현실적이고 적극적인 피해를 가하는 것을 의미한다. (스미스 · 상, p.208)

이와 같이 스미스는 자혜적 행위란, 그것을 하지 않았다고 해서 실망을 할 수는 있어도 딱히 해를 끼치는 것은 아니라고 합니다. 이에 비해 정의란, 그것을 하지 않으면 해(害)가 되기 때문에 강제적으로라도 해야 한다는 것입니다.

간단히 말해서, 어떤 것을 부가적으로 해서 좋은 것은 자혜이고, 하지 않으면 안 되는 것을 제대로 하는 것이 정의라고 해도 좋겠습니다.

이 **자혜와 정의가 일반적 규칙이고, 말하자면 사회 질서를 의미하는 것입니다**(ㅣ그림 2-2ㅣ 자혜와 정의의 관계). 확실히 자혜와 정의가 실현되고 있다는 것은 사람들이 좋은 일을 하고 나쁜 일은 하지 않는 사회가 실현된다는 것입니다. 그것은 그야말로 정당한 세상이라고 할 수 있습니다. 동감을 기초로 하는 자혜와 정의가 만드는 정당한 세상에 대한 고찰. 저는 이것을 '스미스의 정의론'이라고 부르고 싶습니다.

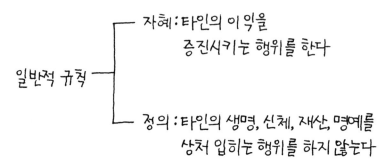

| 그림 2-2 | 자혜와 정의의 관계

스미스의 정의론

최근에 종종 '정의'를 주제로 한 책을 볼 수 있는데, 사실 정의론 이라고 하는 것은 고대 그리스의 철학자 아리스토텔레스까지 거슬러

● ● ● 아리스토텔레스(기원전 384~기원전 322)　고대 그리스의 철학자. 논리학, 자연학, 철학, 윤리학, 정치학 등의 학문을 집대성하여 '만학(万學)의 아버지'라고 칭송된다. 스승 플라톤의 이상주의에 비해 그의 사상은 현실주 의적이라고 할 수 있다. 훗날 알렉산더 대왕의 가정 교사도 하였으며, 아테네 외곽에 학교 리케이온을 설립하였다. 학교 안을 산책하면서 철학에 대한 논 의를 했다고 하여 소요학파(페리파스토학파)라고 불린다. 저서로 『정치학』, 『니코마코스 윤리학』 등이 있다.

올라갈 수가 있으며, 그것은 다름이 아니라 어떻게 해서 정당한 세상을 만드는가에 대한 논의였습니다(│그림 2-3│ 정의론의 전개).

아리스토텔레스는 두 종류의 정의에 대해 논하고 있습니다. 배분적 정의와 교정적 정의가 그것입니다.

배분적 정의란 문자 그대로 부와 자원의 배분에 관한 것으로, 그것은 비례에 근거하여 이루어져야 한다고 합니다. 그 현대판이 미국의 정치 철학자 롤스가 쓴 명저 『정의론』입니다. 롤스는 개인의 자유를 기본으로 하되, 거기서 생겨나는 격차를 수정한다는 형태로 배분적 정의의 의의에 대해 논했습니다.

이에 비해, 교정적 정의는 배분이 아니라 정당성의 회복을 목적으로 합니다. 예를 들어, 범죄 피해를 당했을 때와 같은 경우입니다. 가해자가 벌을 받게 하는 것이 정의입니다. 이런 경우, 정확한 의미에서의 이해 균등을 도모한다는 것이 아니라 어디까지나 피해를 본 것을 메워 주고자 하는 것일 뿐입니다.

아리스토텔레스

'배분적 정의'
부와 자원을 비례 배분 ┄┄→ 존 롤스
'교정적 정의'
= 정당성 회복 ≒ 애덤 스미스

│그림 2-3│ 정의론의 전개

스미스의 정의론은 기본적으로 교정적 정의의 의미로써 정의를 가리키고 있습니다. 국가 질서는 이런 의미의 정의가 바탕이 되어 구축되어 있다고 할 수 있겠지요. 그래서 스미스도 국가의 위정자와의 관계에서 정의에 대해 다음과 같이 논하고 있습니다.

> 정치를 하는 자에게는 부정(不正)한 행위를 억제하여 공공의 안전을 유지시킬 권력뿐만 아니라, 선량한 규율을 확립하고 모든 종류의 악덕과 부적절한 행위를 막아 공공 사회의 번영을 촉진시킬 권력도 신탁되어 있다. (중략) 그것을 완전히 무시하게 되면 공공 사회는 수많은 질서가 파괴되며 충격적인 범죄에 시달리게 되고, 그것을 지나치게 밀고 나아가게 되면 모든 자유와 안전, 그리고 정의는 파괴하게 될 것이다. (스미스·상, p.212~213)

정치를 하는 자가 권력을 제대로 사용하지 않으면 정의는 파괴되고, 사회 질서는 성립되지 않는다는 의미입니다. 폭군은 물론, 어리석은 정치가에게 놀아나는 국가에 정의 같은 것은 존재할 수 없습니다. 그리고 정의가 없는 국가에서 질서가 만들어지는 일은 있을 수 없겠지요.

●●● 존 롤스(1921~2002) 미국의 정치 철학자. 공리주의에 비판을 가하며 민주주의 사회의 기본 원리로서 윤리학을 구상. 아리스토텔레스 이후 정치 철학의 권리 회복을 꾀한 인물이라고 불린다. 구체적으로는 자유롭고 평등한 개인이 사회 제도의 규칙을 만들고, 공정을 사회 정의의 중핵으로 하는 평등주의적인 입장을 주장한다. 그 후 정의를 둘러싼 모든 언설, 또는 자유주의를 논의하는 기축이 되었다. 저서로 『정의론』, 『만민법』 등이 있다.

이것은 정치를 하는 자들에게 국한되지 않고, 국가의 구성원인 우리 한 사람 한 사람에게도 해당되는 이야기입니다. 누구나 정의를 소홀히 하는 사회는 이미 무정부 상태라고 해도 좋을 것입니다. 그렇기 때문에 정의는 더욱 특별한 것입니다. 다음의 표현을 보시면 아시겠지만, 스미스는 정의가 다른 어떤 것보다도 더 중요한 것이라고 하였습니다.

우정, 인간애, 친절, 관용에 의해 요구되는 행위를 결정하는 일반적 규칙은 더욱 막연하고 불확실하다.
그러나 이와 다른 또 하나의 덕이 있는데, 이 덕의 일반적 규칙은 그것이 요구하는 모든 외적 행위를 최대의 정확성으로 결정하고 있다. 그것은 바로 정의이다. (스미스 · 상, p.369)

세상을 규정하고 있거나, 적어도 규정하고 있다고 여겨지는 규칙이 몇 가지 있습니다(|그림 2-4| 정의와 그 외의 덕의 관계). 그것은 스미스가 예를 들었던 우정이나 인간애, 친절이나 관용 등의 덕입니다. 모두 분명히 중요한 덕이며, 실제 세계는 이러한 덕이 있기에 잘 굴러가고 있습니다. 다만, 그 내용이 너무도 막연할 뿐입니다. 이에 비

해 명확하게 세상을 결정하고 있는 규칙, 덕이 있습니다. 그것이 바로 정의라고 하는 것입니다. 그렇기에 오히려 정의에 어긋나는 위반 사항에 대해서는 엄격하게 대처하라고 말합니다. 말하자면 정의의 절대성입니다.

정의의 법들이 아주 잘 지켜지지 않고서는 사회는 존속할 수 없고, 서로를 침해하는 행위를 자제하지 않는 사람들 사이에서는 어떠한 사회적 교류도 발생할 수 없다. 그렇기에 이러한 필요성에 대한 고려가 바로 우리가 정의의 법들을 거스르는 사람들을 처벌함으로써 정의의 법을 강제하는 것을 시인(是認)하는 근거라고 생각하게 되었다. (스미스 · 상, p.227)

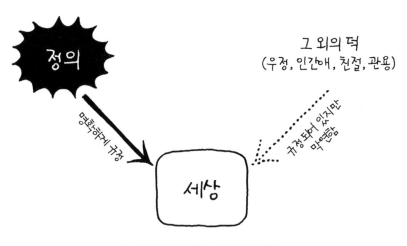

| 그림 2-4 | 정의와 그 외의 덕의 관계

정의는 사회 존립의 초석이기 때문에, 정의를 위반한 결과로 엄격히 처벌받는 것은 어쩔 수 없다는 의미입니다. 적어도 스미스는 그렇게 생각합니다. 아니, 이것은 우리도 쉽게 납득할 수 있는 논리라 할 수 있습니다.

특히 사형 제도를 용인하는 국가의 국민들은 더 쉽게 이해할 수 있지 않을까요? 현재 선진국에서 사형 제도가 존치하는 나라는 미국과 일본 정도입니다. 미국의 경우, 공동체 질서는 스스로 지킨다고 하는 자경단(自警團)적 가치관이 강해서 사형을 그대로 유지하고 있습니다. 이에 비해 일본은 역시 응보론적인 가치관이 영향을 주고 있다고 할 수 있습니다.

즉 사형을 정당화하는 것은, 사형을 당해야 하는 사람이 그에 상응하는 행위를 했기 때문입니다. 사형에 처해지는 범죄는 내란죄나 살인죄 등 사회의 존위를 위협하는 것으로 한정되어 있습니다. 내란죄는 글자 그대로 국가를 전복시키는 것이며, 살인죄는 국가의 구성원을 소멸시키는 행위입니다.

요컨대, 스미스가 말했듯이 사회의 존립에 위협을 가하는 경우에는 정의의 이름하에 극형에 처해진다는 것입니다. 왜냐하면, 정의의 목적은 다름 아닌 사회 존립의 초석을 지키는 것이기 때문입니다.

정의와 의무의 관계란?

왜 인간은 행하여져야 하는 것이 제대로 행하여지기를 갈망할까요? 여기서는 스미스가 과하다고 할 만큼 중요시하는 정의의 근거에 대해서 생각해 보고자 합니다.

우리는 종종 젊은이들과 방탕한 사람들이 양속(도덕)의 가장 신성한 규칙들을 비웃거나, 그리고 때로는 그들의 부패한 마음과 더 흔하게는 마음속 허영에서 비롯된 가장 혐오해야 하는 행동의 여러 원칙들을 따른다고 공언(公言)하는 것을 듣는다. 우리는 분노를 느끼며, 그와 같은 경멸해야 하는 여러 행동 원칙들을 반박하고 폭로하기를 열망한다. 그러나 본디 그것들에 대해 우리를 분노하게 만드는 것은 그와 같은 행동 원칙에 내재하는 증오와 경멸스러움일지라도, 우리는 이것이 우리가 그것들을 비난하는 유일한 이유라고는 하고 싶지 않으며, 단지 우리 자신이 그것들을 증오하고 경멸하기 때문이라고도 주장하고 싶지 않다. (스미스 · 상, p.229~230)

일반적으로 우리는 겉으로 드러나는 정의에 위배되는 행위를 지적하고 그것을 바로잡으려고 합니다. 그리고 그것이 잘되면 그 이상은 아무것도 하려 하지 않습니다. 마치 부정한 것을 뿌리째 뽑기라도 한 듯 만족하게 됩니다. 그러나 사실 이것은 원인을 제거하는 것이 아니라 증상만을 완화시키는 대중 요법과 같은 것이지, 부정한 행위의 진짜 원인을 추궁한 것이 될 수는 없습니다.

진짜 부정한 행위의 원인은, 괘씸한 행위가 '내재적으로 증오하고 경멸해야 하는 것'이어야 하고, 본래는 바로 그것을 물어야만 하는 것입니다. 도대체 이것은 무엇을 가리키는 것일까?

스미스는 이 질문에 직접적인 해답을 주고 있는 것은 아니지만, 힌트가 되는 것은 다음의 문장입니다.

의무감이 우리 행동의 유일한 원칙이어야 한다는 것은 절대 크리스트교 계율이 아니다. 그러니 철학이나 상식이 보여 주듯이 의무감은 우리 행동의 지배적이고 통제적인 원칙이 되어야 한다. (스미스 · 상, p.360)

스미스는 **의무감이야말로 유일한 행동 원리이고, 지배적, 통제적인**

원리라고 합니다. 즉, 인간으로서 당연히 하지 않으면 안 되는 그런 감각입니다. 정의에 어긋나는 행동은 인간으로서 당연히 해야 하는 것에 반(反)하는 행위이기 때문에, 그런 의미에서 의무에 반한다고도 할 수 있습니다. 따라서 정의의 근거는 이 의무감이 아닐까 하고 생각합니다 (│그림 2-5│ 정의와 의무의 관계).

여기서 떠오르는 것이 바로 독일의 철학자 칸트의 이론입니다.

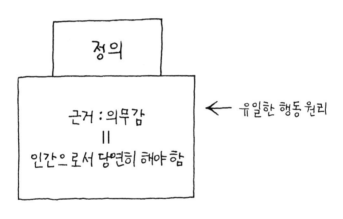

│그림 2-5│ 정의와 의무의 관계

 ● ● ● 임마누엘 칸트(1724~1804) 근대 독일의 철학자. 그때까지 철학의 두 가지 큰 흐름인 경험론과 합리론을 종합하여 비판 철학을 완성하고 '독일 관념론'의 기초를 구축했다. 칸트 윤리학이라고 불리는 엄격한 윤리학은 무조건적으로 올바른 행위를 요구하는 점에서 현대 윤리학의 고전이 되었다. 또한 국제 연맹의 기초가 되는 『영원한 평화를 위하여』를 저술하는 등 폭넓은 사색을 전개했다. 저서로 『순수 이성 비판』, 『실천 이성 비판』 등이 있다.

칸트는 올바른 행위는 무조건적인 의무라고 주장했습니다. 이른바, '정언 명법(定言命法)'이라고 하는 것입니다.

예를 들어, 강물에 빠져 허우적대는 아이가 있다면 무조건 뛰어들어 구한다. 이것이 바로 정언 명법입니다. 돈을 받거나 칭찬을 받기 위해서 하는 것이 아닙니다.

칸트가 주장하는 윤리 = 정의가, 인간으로서 가지는 의무감으로 뿌리박혀 있다면, 스미스의 정의론도 마찬가지로 의무를 근거로 하고 있다는 것이 가능하지 않을까요? 실제로 스미스는 '관용과 공공 정신의 적정성은 정의의 적정성과 동일한 원리를 근거로 하고 있다.'고 하며, 관용에 대해서 인간애와 비교하여 다음과 같이 말했습니다.

> 그러나 관용의 경우에는 사정이 다르다. 어떤 부분에서는, 누군가 우리 자신보다도 타인을 우선시하고, 우리 안의 무언가 크고 중요한 이해(利害)를, 친구나 윗사람의 동등한 이해를 위해서 희생하는 경우가 아니라면, 결코 관용이라 할 수 없다. (스미스 · 하, p.39)

이것이 바로, 물에 빠진 아이가 있으면 자신을 희생해서라도 아이를 구한다는 원리입니다. 스미스가 말하는 관용, 그것과 같은 원리를

가진 정의는 그야말로 칸트의 정언 명법과 같이 의무를 근거로 합니다 (| 그림 2-6| 스미스의 의무의 개념과 칸트의 정언 명법).

단, 칸트의 정언 명법은 궁극적으로는 인간의 존엄성을 기초로 하고 있지만, **스미스가 말하는 의무는 어디까지나 타자와의 관계 속에서, 자신이 해야 할 일로서 위치가 정해져 있는 것**에 지나지 않는 것 같습니다. 그것은 스미스의 동감의 개념이 타자를 배려하는 마음에서 유래하고 있다는 점을 통해서도 알 수 있습니다.

그렇다면, 근본적으로 인간의 존엄을 근거로 하는 칸트의 정의가 절대적인 것임에 반해, 스미스의 정의는 조금 더 관대하다고나 할까, 상황에 입각한 현실적인 것이 되는 것은 아닐까요?

칸트와 달리 스미스의 경우에는, 아무리 의무라 해도 그렇게까지 하는 것은 지나치다는 생각이 드는 행위를 결코 강요하는 일은 없을 것 같습니다. 가끔 칸트의 윤리는 지나치게 엄격하다고 하는데, 아마

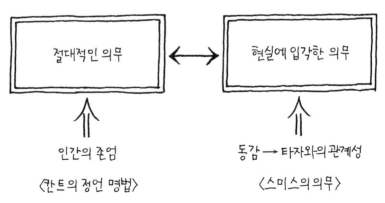

| 그림 2-6 | 스미스의 의무의 개념과 칸트의 정언 명법

그런 점에서 보면 스미스의 정의가 복잡한 이해관계를 내포한 현대 사회에 보다 잘 맞는 것으로 생각할 수 있습니다.

덧붙여 말하자면, 스미스는 그 자신이 신학자이기도 해서 자제(自制)와 인애(仁愛)라고 하는 크리스트교적 개념을 즐겨 사용합니다. 즉, 정의와 의무를 생각할 때에도 어딘가에 신의 관점이 들어가 있다는 것입니다. 이것은 칸트에게는 없는 발상입니다. 어쨌든 칸트는 신의 목을 쳤다고 불릴 정도이니까요. 오히려 신이 없는 윤리를 고안한 셈입니다.

그런 의미에서는, 스미스가 서양의 크리스트교 전통에 따른 정의감을 갖추고 있다고 생각할 수 있습니다. 소위 일신교에서 말하는, 강력한 신이 지켜보고 있기에 한다, 벌을 받지 않기 위해 올바른 행동을 한다는 발상입니다. 하지만, 일본의 경우에 비춰 보면 무수히 많은 신이 있는 다신교 국가라서, 적어도 신을 의식해서 의무를 다한다고 하는 일은 없을 것 같습니다.

물론, '하늘에서 하느님이 보고 있다'든가 '벌을 받는다'는 등의 말도 있지만, 과연 현대 사회의 현실 속에서 그것이 얼마나 규범적인 기능을 하고 있는지는 의문입니다. 그런 와중에서도 무리 없이 의무나 정의를 관철하려면, '타인의 눈'을 근거로 하는 스미스의 정의론이 신의 존재 여부와 상관없이 그 기능을 하기 때문에, 현대인에게 보다 더 잘 어울린다고 생각됩니다. 특히 협소한 공동체 속에서 남들의 이목을 신경 쓰는 현대인에게는 딱 맞는 것 같습니다.

그리고 위에서 언급한 바와 별개로, 의무의 근거 이외에 또 한 가지, 스미스와 칸트의 정의론에는 분명히 다른 점을 찾아볼 수 있습니다. 그것은 스미스의 정의론에는 처음에 기술했듯이 좁은 의미로의 정의 개념뿐만 아니라, '자혜(慈惠)'가 포함되어 있다는 점입니다. 저는 여기서 스미스의 논의가 내용적으로 풍부한 점에 주목하고 있습니다.

자혜 정신

그럼, 일반적 규칙의 또 다른 측면인 자혜는 정의의 개념과 어떠한 관계에 있을까요? 앞에서 제시했듯이, 자혜란 타인의 이익을 증진하는 행위를 하도록 지시하는 덕(德)을 말합니다.

스미스는 이에 대하여, '자혜란 비유하자면 건물을 지탱하는 토대가 아니라, 건물을 아름답게 꾸미는 장식이기에, 따라서 그것을 권유하는 것으로 충분하지 결코 강요할 필요는 없다.' 고 표현하고 있습니다. 반대로, 정의에 대해서는 '정의는 건물 전체를 지지하는 기둥이다. 만약 그것이 제거된다면 인간 사회라는 위대하고 거대한 조직은 틀림없이 한순간에 산산이 붕괴될 것이다.' (스미스 · 상, p.224)

자혜는 건물의 장식이고, 정의는 기둥이라는 것은 꽹장한 차이입니다. 건물을 사회로 바꾸어 보면, **정의는 불가결한 규칙이고 유대감인데 비해, 자혜는 사람들이 즐겁게 생활하는 데 필요한 단순한 향신료와 같은 것이라는 셈**이니까요. 이 표현은 결코 과장이 아닙니다. 정의가 사회의 불가결한 유대감이라는 것은 스미스의 다음 문장에서 명백하게 나타납니다.

그러므로 성의를 준수할 것을 강제하기 위해, 자연(조물주)은 인간의 마음속에 정의를 침범하게 되면 처벌을 받게 된다는 인식과 그에 상응하는 처벌이 갖는 공포심을 인류 통합의 위대한 보증으로 심어 두었다. 그리고 이것이 바로 약자를 보호하고 폭력을 제압하고 죄를 벌하게 되는 것이다. (스미스 · 상, p.224)

'인류 통합의 위대한 보증'이라는 표현은 바로 사회의 유대감이라고 할 수 있습니다. 그러나 여기서 주목해야 할 것은, 그렇다고 해서 자혜가 여분의 것은 아니라는 점입니다. 그것은 마치 사회에서 웃음이 필요한 것과 마찬가지입니다. 스미스가 자혜에 대해서 말한 다음 부분을 보아 주시길 바랍니다.

> 통상적인 경우, 우리가 그 안에서 태어나서 교육을 받고, 또 그 보호 아래에서 계속 살아가고 있는 국가 또는 주권은 최대의 사회단체로서, 우리가 하는 선악의 행동이 그 사회의 행복과 비극에 커다란 영향을 줄 수 있다. (스미스 · 하, p.130)

즉, 개인의 자혜가 행복한 국가를 만든다는 것입니다.

사회에 정의가 없다면 그 사회는 통합이 안 되고, 자혜가 없으면 행복한 사회가 될 수 없습니다. 사람들이 규칙을 지키는 국가는 당연한 것이지요. 거기에 더불어 사람들이 서로 돕고, 착한 일을 하고, 웃으며 생활할 수 있는 국가. 우리는 그것을 지향할 필요가 있습니다.

그렇게 생각하니, 자혜에는 보다 큰 의미가 있는 것 같지 않습니까? 오히려 정의는 좋은 사회를 만들기 위한 전제에 지날 뿐, 자혜야말로 진정으로 좋은 사회를 만드는 것이라고 해도 과언이 아닐 것입니다.

저는 이런 스미스의 논의에 대단히 찬동합니다. 사실 저는 '동병상련'이라는 개념을 중시하고 있습니다. 원래부터 서양의 공동체 주의를 지지해 왔는데, 그것을 한층 더 발전시키는 중요한 포인트가 동병상련이라는 개념에 있다고 생각하기에 이르렀기 때문입니다.

왜냐하면 서양의 공동체 주의는 어디까지나 기브 앤 테이크(give and take)의 '호혜(互惠)'가 기반입니다. 서로 돕는다는 '계약'을 바탕으로, 실제로 얼마간의 이익을 서로 교환해 가며 공동성을 구축한다는 것이 서양의 공동체 주의입니다. 물론 단순한 개인주의나 극단적으로 자유를 중시하는 자유 지상주의(libertarianism) 같은 사고방식보다는 훨씬 낫기는 하지만, 그럼에도 호혜라는 부분이 왠지 좀 걸렸습니다.

어떻게든 보다 순수하게 서로를 도울 수 있는 공동체 이념을 고안할 수는 없을까 하고 생각하던 중에, 3·11 동일본 대지진이 일어났습니다. 그리고 사람들이 의연하게 서로를 돕는 모습에 새삼 감명을 받았습니다. 유감스럽게도 저는 그해에 미국에서 지내고 있었기에 할 수 있는 것이 아무것도 없었지만, 주위의 미국인들이나 전 세계에서 모여든 다른 나라 사람들은 일본인의 서로 돕는 모습을 크게 칭찬해 주었습니다. 자신의 나라라면 벌써 약탈이 일어났을 것이라면서요.

　그때 저는 '바로 이거다!' 하고 생각했습니다. 일본인들은 어려움에 처해 있는 사람이 있으면 결코 이익 같은 것은 생각하지 않고 그를 돕습니다. '힘들 때는 서로 돕는 것이지' 하고 말이지요. 하지만 이때 정말로 다음에는 내가 도움을 받겠다는 생각 같은 것을 하지는 않습니다. 어디까지나 상대를 배려해서 그렇게 말을 하는 것뿐이지요. 그렇기에 이름도 묻지 않고 하물며 계약서를 교환하는 경우도 없습니다.

　'어째서 일본인은 저렇게 서로를 도울 수 있는 것이지?' 하는 그들의 질문에, 저는 '동병상련'의 논리를 설명했지만, 잘 이해를 못 하는 것 같아 적당한 영어 번역을 찾아보았지만 결국 찾지 못했습니다.

　'reciprocity'로는 호혜주의가 되고, 'solidarity(연대, 동료 의식)'로는 내용을 설명할 수가 없었습니다. 그래서 차라리 'OTAGAISAMA(피차일반, 동병상련이라는 의미의 일본어 발음 / 옮긴이 주)'라고 알파벳으로 쓰기로 하고, 그 내용을 제대로 설명하기로 했습니다. 그러자 모두가 이 개념에 찬동을 하게 되었습니다.

　스미스가 말하는 자혜란, 그런 'OTAGAISAMA'에 더없이 가까운 것 같습니다. 왜냐하면, 거기에는 이익을 맞바꾼다는 발상을 찾아

볼 수 없으며, 또한, 자혜의 근거 자체가 타자를 배려하고 살아간다는 일본의 좁은 공동체에서 생겨난 윤리적 발상과 공통된 것처럼 생각되기 때문입니다.

앞에서 언급했듯이, 나쁜 일을 하지 않는 것이 의무를 기반으로 한 좁은 의미의 정의인 것에 비해, 자혜는 좋은 일을 한다는 의미입니다. 따라서 좋은 일을 하는 것도 정의라고 할 수 있습니다. 결국은 자혜와 정의의 내용을 보다 풍성하게 하는 요소로서 넓은 의미의 정의 개념에 포함시킬 수 있기 때문입니다. 실제로 스미스는 앞에서 소개했던 분배적 정의에 대해서, 이것을 다음과 같이 자혜로서 논하고 있습니다.

정의(正義)의 두 번째 의미는, 어떤 이들이 분배적(分配的) 정의라고 부르는 것에, 그로티우스가 말한 귀속적(歸屬的) 정의에 일치한다. 이런 의미의 정의는 적절한 자혜, 우리 자신의 소유물을 적절하게 사용하고, 그것을 우리의 입장에서는 그렇게 적용하는 것이 가장 잘 어울리는 자선적 또는 관용적 목적에 적용하는 것이다. (스미스 · 하, p.230)

결국, 의무라는 좁은 의미의 정의 개념에 자혜를 덧붙인 넓은 의미의 정의 개념을 논하는 것이 스미스가 말하는 정의론입니다. 문제는, 아무리 자혜나 정의가 있어도 세상은 생각만큼 그리 잘 굴러가지 않는다는 점입니다. 왜 이상(理想)대로 되지 않는 것일까? 이어서 그 문제에 대해 생각해 보도록 하겠습니다.

2장 정리

올바른 세상이란, 자혜와 정의에 의해 사회 질서가 만들어진 상태이다. 그중에서도 지주(支柱)라고 할 수 있는 정의의 근원에는, 타자의 눈을 의식하는 의무감이 있다.

Adam Smith, **Human Nature**

3^장

규칙을 만들면
그것으로
충분한가?

———

완전한 사회 질서

———

규칙이란 무엇인가?

앞 장에서부터 사회의 규칙에 대해 이야기를 하고 있습니다만, 애초에 규칙이란 어떻게 해서 생겨난 것일까요? 법률이라면 국가가 마음대로 정해서 우리에게 지키도록 강요하는 것, 학교의 규칙이라면 선생님들이 마음대로 정해서 강요하는 것이라는 그런 이미지를 떠올리는 사람도 많을 것 같습니다.

그러나 **사실은 규칙이란 스스로가 만드는 것**입니다. 국가의 구성원으로서 간접적이지만 우리는 법률 제정에 관계하고 있습니다. 국민이 바라는 것을 정치가가 법률이라는 형태로 만드는 것입니다. 학교도 마찬가지입니다. 어떤 규칙을 바탕으로, 규율이 있는 학교생활을 보내고 싶어 하기 때문에, 그것이 교칙으로 정해지는 것입니다. 그 누구도 바라지 않는 법률이나 교칙은 존재할 수 없습니다. 이 점에 대해 스미스는 다음과 같이 말했습니다.

일반적 규칙은, 어떤 종류의 모든 행동 또는 어떤 사정에 놓인 모든 행동들은, 시인(是認)되거나 부인(否認)되거나 한다는 것을 경험을 통해 알게 됨으로써 형성되는 것이다. (스미스·상, p.330)

다시 말해, 우리가 어떤 행위를 하면 인정이 되고 또 부인당하는지는 경험을 통해 알게 되며, 그것을 집적(集積)시킨 것이 규칙인 것입니다. 그러므로 규칙이란 결코 위에서 일방적으로 강요하는 것이 아닙니다. 오히려, 자신들이 만들어 나가는 것입니다. 게다가 규칙은 감정에 의해 형성됩니다.

이런 경우에는 이렇게 행동할 것, 저런 경우에는 저렇게 행동할 것, 경험을 통해 배우는 것입니다. 그렇게 해서 질서를 형성해 갑니다. 다만, 그렇게 해서 질서는 만들어지지만, 그것은 결코 완전한 것이 될 수는 없습니다. 왜냐하면, 두 가지 문제가 있기 때문입니다. 하나는, 인간의 의도와는 달리 질서가 자연스레 형성되는 측면이 있다는 점입니다. 또 하나는 질서를 형성하는 인간의 감정이 완전하지 않다는 점입니다.

후자는 인간의 나약함을 말하는 것인데, 뒤에서 천천히 검토하겠습니다. 전자에 대해, 애초에 질서가 자연스럽게 형성된다는 것은 어떤 의미일까요?

우리는 **동감으로 인해 타인의 감정을 미리 짐작하고, 자연스레 타인에게 피해를 주지 않기 위한 행동을 하게** 됩니다. **그렇게 거듭 쌓인 것이 질서가 되는 것입니다.**

그러나 이것은 의식적인 행위에 의해 형성된 것이 아니기 때문에 불확정 요소가 많아집니다. 따라서 완전히 통제하는 것은 불가능합니다.

어쩌면, 계획 경제를 원칙으로 하는 사회주의가 잘 굴러가지 않는 이유가 여기에 있을지도 모르겠습니다. 아니, 이것은 자본주의에도 딱 들어맞는 이야기입니다. 특히 공공 정책이 고도화되고 있는 현대에서 우리는 오만해지기 쉽습니다. 마치 세상의 질서를 전부 다 완벽하게 구축하고 관리할 수 있을 것 같은 착각에 빠지는 것입니다.

우리는 이 점을 잘 자각해서 제도를 설계해야만 합니다. 혹시 원전 사고도 이 문제에 관련된 것이 아닐까요? 기술로 과학이나 자연을 완전히 관리할 수 있다는 교만이 큰 사고로 이어진 것 같은 느낌이 듭니다. 그런 의미에서라도 스미스의 말에 다시 한 번 귀를 기울일 필요가 있다고 생각합니다.

세상의 질서는 결코 인간의 의식적인 행위에 의해서가 아니라, 소위 인간의 무의식적인 행위를 신이 조종하도록 해서 형성된 것입니다.

서문에서도 소개했듯이 스미스는 그것을 신의 '보이지 않는 손'이라고 표현했습니다. 상당히 유명한 말입니다. 이에 대해 조금 더 이야기하겠습니다.

'보이지 않는 손'에 담긴 진의(眞意)

'신의 보이지 않는 손'이라는 표현이 유명한데, 사실 스미스는 '보이지 않는 손(invisible hand)'이라고만 표현했을 뿐입니다. 그런데 흔히 '신의'라는 표현이 덧붙여 사용됩니다. 눈에 보이는 형태로 국가가 경제에 개입하는 것이 아니라, 눈에 보이지 않는 어떤 힘에 의해 조종되고 질서를 형성해 간다는 의미입니다. 눈에 보이지 않는 힘의 근거에 대해서는 여러 설이 있지만, 신학자이기도 한 스미스의 기본 사상으로 보면 역시 '신에 의한 것'이라는 설이 되겠지요. 하지만 그것은 어디까지나 비유일 뿐, 실제로는 뒤에서 보는 것과 같이, 한 사람한 사람 인간의 힘이 작용하고 있기 때문입니다.

서문 '시작하며'에도 썼듯이, 스미스가 이 말을 사용한 것은 『도덕감정론』 속에서 딱 한 번, 그리고 또 다른 저서인 『국부론』에서도 딱한 번 사용했습니다. 그럼에도 불구하고, 스미스 사상의 대명사처럼되었으니 신기할 따름이지요.

그것은 아마도 이 표현이 스미스 사상의 본질을 띠고 있기 때문이아닐까요?

먼저, 스미스가 이 표현을 사용하고 있는 구절을 살펴보겠습니다.

토지의 생산물은, 모든 시대를 통틀어, 언제나 그것이 유지할 수있는 만큼의 수에 가까운 주민을 유지한다. 부유한 사람은 단지 그집적 속에서 가장 귀하고 쾌적한 것을 선택할 뿐이다. 그들이 소비하는 양은 가난한 사람들보다도 그다지 많지 않다. 그리고 그들의천성적인 이기심과 탐욕에도 불구하고, 그들은 자신들의 모든 개량의 성과를 가난한 사람들과 함께 나눈다. (중략) 그들은 보이지 않는손에 이끌려, 대지가 모든 주민들 사이에서 평등하게 나누어졌을 경우에 나눈 것과 거의 같게, 생활필수품을 분배하게 된다. 이리하여그것을 의도하지도, 알지도 못한 채 사회의 이익을 증진시키고 종(種)의 번식 수단을 제공하는 것이다. (스미스 · 하, p.23~24)

여기서는 토지의 생산물을 예로 들어 논하고 있지만, 스미스가 말하고자 하는 바는 이렇습니다. 요컨대, 부유한 사람들은 이기심으로 인해 많은 생산물을 손에 넣지만, 그것을 가난한 사람들에게도 나누어 주며, 그러한 행위로 자연스럽게 세상 전체의 번영에 일조하고 있다는 것입니다(|그림 3-1| 보이지 않는 손).

특별히 부자들이 세상을 이롭게 하겠다는 생각으로 나누어 주는 것이 아니라, 어디까지나 부자들의 이기심으로 여분의 부를 얻어, 그것을 이용해 소비를 하거나 가난한 사람들을 고용하게 되는 것입니다. 그 결과가 사회의 번영으로 이어졌을 뿐이라는 이야기입니다. 흡사, 신이 '보이지 않는 손'으로 사회의 번영을 인도하는 것인가 하는 것처럼 말입니다.

그렇게 생각하면 꼭 이기심(利己心)이 나쁜 것만은 아니게 됩니다. 오히려 이기심이 결과적으로 사회 번영으로 이어진다면, 심지어 바람직하다고 할 수도 있지 않을까요?

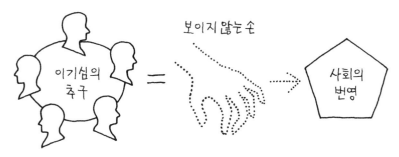

|그림 3-1| 보이지 않는 손

평소 우리가 악(惡)이라고 치부하는 이기심, 야심, 허영……. 그러한 모든 것이 어쩌면 이 세상을 번영시키는 계기일지도 모릅니다.

그것은 '보이지 않는 손'이 언급된 다른 구절인, 『국부론』에서 스미스가 말한 다음의 표현을 보면 명백해집니다.

그러나 어떤 사회든, 그해의 연간 수입은 언제나 그 사회의 노동이 매년 생산하는 생산물 전체의 교환 가치와 정확히 같다. 혹은 그 교환 가치와 정확하게 동일한 산물이다. 따라서 각 개인도 가능한 한 자신의 자본이 국내의 노동을 지탱하게 함으로써 동시에 그 생산물이 최대한의 가치를 가지도록 이 노동의 방향성을 결정짓는 것에도 최선을 다하기 때문에, 각 개인은 필연적으로 사회의 연간 수입이 가능한 한 최대의 가치를 갖도록 뼈를 깎는 노력을 하게 되는 것이다. 사실 그는, 일반적으로 공공의 이익을 추진하려고 의도하지도 않고, 공공의 이익을 어느 정도 추진하고 있는지도 알고 있을 이유가 없었다. 국외 노동보다는 국내 노동을 지탱할 것을 선택함으로써, 그는 단지 그 자신의 안전만을 의도하는 것이며, 또한 그 노동 생산물이 최대의 가치를 갖도록 노동을 이끈 것은 오로지 자기 자신의 이익을 위해서이다. 그리고 이 경우

그는, 다른 많은 경우에서처럼, 보이지 않는 손에 이끌려서 그가 전혀 의도하지 않았던 목적을 추진하게 된다. 또 그것이 그가 의도하지 않았다고 하는 것은 언제나 반드시 사회에서 나쁜 것만은 아니다. 자기 자신의 이익을 추구함으로써, 그는 종종 실제로 사회의 이익을 추진하고자 하는 경우보다, 더욱 효과적으로 그것을 추진한다. (『국부론』2권, 제4편 제2장 p.303~304)

여기서, 개인의 이익 추구는 의도치 않게 사회의 이익 촉진으로 이어져 있다는 것을 보다 명확하게 주장하고 있습니다. 아무래도 우리는 자기 이익을 추구하는 인간의 본질을 조금 다른 시각으로 재인식할 필요가 있어 보입니다. 개인의 이익을 추구함으로 인해 자기 배를 채우게 할 뿐만 아니라 그 결과가 사회의 번영으로 연결되어 있다는 셈이니까요.

단지, 문제는 사회의 번영이 어디까지나 결과에 지나지 않는다는 점이며, 전체적으로는 번영하더라도 그 알맹이까지 두루 살피는 것이 아니라는 점입니다.

이른바, 격차의 문제입니다. 격차는 산업 혁명 이후부터 있어 온 오랜 문제이지만, 특히 현대 사회에서는 매우 긴요한 과제가 되고 있습니다.

최근, 이런 문제에 역사적 관점으로 경종을 울리고, 불평등의 해결을 호소하는 책들이 세계적 베스트셀러가 되었습니다. 그중에서도 대표적인 것이 바로 프랑스의 경제학자 토마 피케티의 『21세기 자본』입니다.

피케티는 3세기에 걸친 소득과 자산의 데이터를 분석하고 무언가를 발견했다고 합니다. 그것은 모든 국가에서 경제 성장률보다 자본 수익률이 높아지고, 자본가들에게 더욱더 자본이 축적되어 가는 경향이 있다는 사실입니다. 게다가 그 불평등은 세습되어 보다 더 확대되어 간다고 합니다.

재미있는 점은, 그 극단적인 예로 일본이 거론되었다는 점입니다. 실제로 경제 성장 속도가 쇠퇴하고 인구가 감소하는 일본에서는 상속 재산이 가진 의미가 점점 더 커지고 있습니다. 상속 재산에 따라 점점 격차가 벌어져 가기 때문입니다. 그렇기에 일본에서도 주목하고 있는 것이지요.

여기서 피케티가 제안하는 것은, 전 세계적 규모로 자본에 대한 과세를 강화해서 불평등을 바로잡자는 정책입니다. 마치 그 말은 책 제목과도 맞물려, 피케티가 마르크스주의자라도 되는 듯이 생각됩니다.

• • • 토마 피케티(1971~) 프랑스의 경제학자. 미디어에서도 적극적으로 발언하고 있다. 프랑스 사회당의 경제 자문으로도 알려져 있으며, 사회의 불평등 문제에 일관된 관심을 가지고 있다. 최근에는 3세기에 걸친 소득과 자산 데이터를 분석하여 어느 나라에서든 자본가에게 더 많은 자본이 축적되어 가는 경향을 발견하였다. 세계적 규모로 자산에 대한 과세를 강화하여 불평등을 바로잡는다는 정책을 제안하고 있다. 저서로 『21세기 자본』 등이 있다.

그러나 사실은 전혀 그런 것이 아니라, 피케티 자신은 자본주의를 부정한다기보다 자본주의에 도덕적 규율을 집어넣어야 한다고 주장하는 것입니다. 이를테면, 격차를 줄이는 브레이크 같은 것이지요.

그렇다면, 왜 자본주의에는 피케티가 말하는 도덕적 규율이 결여된 것일까요?

실은 여기에 스미스가 말하는 감정의 불완전성과 관계가 있습니다. 피케티는 스미스가 불평등 문제에 대한 자각이 없었던 게 아닐까 하고 생각하는 것 같습니다. 그는 스미스를 낙관적 자유주의자라고 평가하고 책 속에서 다음과 같이 말했습니다. "사실 스미스는 부의 분배가 장기적으로는 보다 더 불평등을 낳을지도 모른다는 가능성에 대해서 한 번도 진지하게 고려한 적이 없었다."라고.

저는 꼭 그런 것만은 아니라고 생각하는데, 그에 대한 검증은 다음 장에서 하도록 하고, 먼저 인간이 질서를 바르게 형성하지 못하는 또 다른 이유, 그리고 도덕적 규율을 빠뜨리고 만 이유에 대해서 살펴보았으면 합니다.

잘나 보이고 싶은 마음

감정의 불완전성이란, '인간의 나약한 마음' 이라고 바꾸어 말할 수 있습니다. 이것은 스미스도 사용한 표현입니다. 그런 나약함이 보다 많은 부(富)를 추구하고 야심을 낳는다는 것인데, 그것은 어디까지나 인간의 이기심이지 타인을 생각하는 여유는 없습니다. 따라서 질서는 아무리 시간이 지나도 불안정하기만 합니다.

그렇다면 이 나약함의 본질이란 도대체 무엇일까요? 스미스는 '허영'이라는 단어를 종종 사용하고 있는데, 아무래도 이 개념과 관계가 있는 것 같습니다. 그는 허영의 의미에 대해 다음과 같이 표현했습니다.

그럼, 인류 사회의 다양한 신분 계층의 사람들에게서 나타나는 경쟁이란 어디에서 생겨나는 것일까? 그리고 우리가 소위 자신의 신분 상태의 개선이라고 부르는 인생의 커다란 목적을 가지고 추구하는 이익이란 무엇일까? 남들에게 관찰당하고 주목받는 것, 그리고 동감과 호의와 명확한 시인을 통해서 주목받는 것이, 바로 우리가 그것으로부터 얻을 수 있는 이익의 전부이다. 우리의 관심을 끄는 것은 안락함이나 기쁨이 아니라 허영인 것이다. (스미스 · 상, p.129)

즉, **인간이 경쟁을 하게 되는 동기는 주목받는 점**에 있으며, 그것을 허영이라고 합니다. 이것은 그야말로 **남보다 잘나고 싶다는 야심, 그 자체**입니다. 그렇다면, 어째서 남보다 잘나고 싶어 하는가 하면, 거기에 바로 부와 지위가 관계하게 됩니다.

따라서 그것들은 부와 지위의 막강함에 비해, 허영의 씨앗으로 보기에는 타당성이 떨어진다. 그리고 부와 지위가 갖는 유일한 이점이 바로 여기에 있다. 부와 지위는 인간이 천성적으로 타고난, 차별에 대한 애호(愛好)를 한층 더 효과적으로 만족시킨다. (스미스 · 하, p.18~19)

재미있는 표현입니다만, '**허영의 씨앗**' 이야말로 바로 **부와 지위**라는 것이죠(| 그림 3-2 | 감정의 불완전성이 부를 추구한다). 인간이 남보다 잘나고 싶은 것은 역시 부와 지위를 갈망하기 때문입니다. 아이러

니하게도, 사랑이나 자유에 필적할 만큼 이것 또한 어느 시대, 어떤 장소를 불문하고 변하지 않는 보편적 진리일지도 모르겠습니다.

그러나, 그렇다고 해서 스미스가 그것을 덮어놓고 좋다고 한 것은 아닙니다.

부자와 권력자에게는 감탄하고 또 거의 숭배하다시피 하는 성향, 그리고 가난하고 미천한 사람들을 경멸하거나 적어도 무시하는 성향은 신분 구별과 사회 질서를 확립하고 유지하는 데 필요하다고는 해도, 동시에 우리의 도덕 감정을 부패시키는 거대하고 가장 보편적인 원인이다. (스미스 · 상, p.163)

즉, **남보다 잘나 보이고 싶다는 기준이 부(富)**라는 것을 스미스는

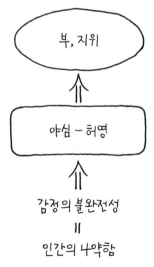

| 그림 3-2 | 감정의 불완전성이 부를 추구한다

도덕이 부패한 것이라고 보았습니다. 인간의 불완전한 감정에 맡겨 두면, 그것은 어디까지나 최우선적으로 부유함을 추구하게 되고, 결국에는 도덕의 부패를 초래하기 때문에 단순히 질서, 규칙을 만들기만 해서는 안 된다는 것입니다. 그것은 진정으로 이상적인 것은 될 수 없기 때문입니다. 보이지 않는 손을 자각하고 겸허해지는 것은 물론이며, 허영에 토대한 인간의 나약함을 극복할 필요가 있는 것입니다.

사실 이 문제는, 단순히 이상적인 규칙을 만들 수 없다는 점에만 그치지 않고, 훨씬 더 골치 아픈 사태를 초래하는데, 바로 멸시당하는 가난한 사람들의 반란입니다. 수(數)적으로는 가난한 사람들이 압도적으로 많기 때문에 그것이 사악한 포퓰리즘을 초래할 위험성이 있습니다. 우리가 가난한 것은 저 사람 때문이야 하는 마녀사냥식의 발상이 안이한 포퓰리즘을 낳을 수 있기 때문이지요.

어떤 의미에서는 이것도 감정이 규칙을 만들어 낸다는 이 장(章)의 이야기와 연결됩니다. 포퓰리즘은 현대 일본의 과제이기도 하므로, 포퓰리즘에 대해 좀 더 고찰해 보도록 하겠습니다. 정치학자인 요시다 도오루는 『포퓰리즘을 생각한다 — 민주주의를 향한 재입문』(NHK출판)에서 포퓰리즘에 대해 '국민에게 호소하는 수사법을 구사하여 변혁을 추구하는 카리스마 있는 정치 스타일' 이라고 정의하고 있습니다.

게다가 포퓰리즘은 민주주의 고유의 산물이며, 포퓰리즘을 추궁하는 것은 민주주의를 추궁하는 것이 된다고 단정하고 있습니다.

그런데 그 이유는 뭘까요? 이에 대해서 요시다 씨는 '민주주의에 대한 불신감이나 불만이 포퓰리즘 현상으로 분출하고 있다.' 고 지적했습니다. 말하자면, 대의제(代議制) 민주주의가 잘 진행되는 동안은 괜찮지만, 현재의 대표자가 수행하는 일에 대해 민중 측에서 불만이 생기기 시작하면 그 불만을 대변하기라도 하듯, 포퓰리스트 정치가가 출현하기 마련입니다. 소위 **포퓰리즘이란, 민주주의가 제대로 기능하지 않는다는 역설**인 셈입니다.

요시다 씨는 포퓰리즘을 크게 두 가지로 나누었습니다. 하나는 '신자유주의형 포퓰리즘' 인데, 이것은 이익 유도형인 기존의 정치에 대한 불만의 창끝을 향해 행정 개혁을 단행하는 식의 포퓰리즘입니다. 그 전형적인 예로, 1980년대 마가렛 대처 영국 총리나 나카소네 야스히로 전 일본 총리를 언급하고 있습니다.

다른 하나는 '현대 포퓰리즘' 입니다. 이것은 1990년대 이후에 등장한 것으로, 이탈리아의 베를루스코니 전 총리나 프랑스의 사르코지 전 대통령, 일본의 고이즈미 준이치로 전 총리를 전형적인 예로 들고 있습니다. 아베 신조 총리도 이에 해당하지 않을까요? 이들의 특징은 기업적 발상에 입각한 정치, 이야기 정치, 적을 만드는 정치라고 하는 요소에 있습니다.

이야기 정치란, '스토리텔링'이라고 불리며, 국민에게 특정 이야기를 제시하는 것으로, 거기에는 성공 스토리로서의 정치가 개인의 생애부터 국민을 일체화하기 위한 국가의 이야기까지가 포함됩니다. 그야말로 미디어 정치 시대에 딱 맞는 수법이라 할 수 있지요.

실은 우경화(右傾化)의 원인도 이와 관계있다고 할 수 있습니다. 포퓰리스트 정치가가 국민을 하나로 만들기 위해 이용하는 이야기에는 공동체의 본래 모습으로 회귀하자는 메시지가 담겨 있는 경우가 많습니다. 앞서 포퓰리즘이 생겨나는 원인이라고 언급했던, 현행 민주주의의 부정(否定)에는, 본래 있어야만 하는 것이 없어졌다고 호소하는 것이 상책이기 때문입니다.

요시다 씨는 이렇게 말하고 있습니다.

"'공동체의 본래 모습'이라는 것은 종종 포퓰리즘을 민족주의적·국가주의적 방향으로 향하게 한다. 여기서 포퓰리즘은 이제 내셔널리즘과의 접합점을 갖기에 이른다."(『포퓰리즘을 생각한다』 p.83)

더욱이 현재 일본의 상황과 일치하는 셈인데, 이런 감정이 규칙을 만들어 내고 있다고 하면 정말 무서운 이야기입니다. **우리에게 필요한**

것은, 어떤 불만을 타인에게 돌리는 나약한 마음을 극복하고, 가혹한 상황에 처하더라도 더욱 현명한 시선을 지속적으로 가져야 하는 것이라고 할 수 있을 것입니다. 그러기 위해서는 겉으로 보이는 것이 아닌, 진정한 행복을 가져다줄 지도자를 뽑아야 합니다. 눈앞의 당근에 현혹되어서는 안 됩니다.

이야기가 조금 샛길로 빠지긴 했으나, 경제 이야기도 그 근본은 같다고 생각합니다. 나약함을 극복하고 올바른 판단을 하는, 그러한 관점이 필요합니다. 그러나 그것을 어떻게 실천하면 좋을까? 그것이 인간의 본질인 이상, 그렇게 쉽게 억제할 수 있는 것은 아닐 것입니다. 여기서 스미스는 나약함과는 정반대인 현명함에 주목합니다. 소위 야심(野心)으로 세상을 번영시킴과 동시에 그에 대한 제동 장치로, 이상적인 질서를 초래하는 역할을 현명함에 부과하고자 합니다.

여기서 주의해야 할 것은, **결코 나약함을 버리라고 하는 것이 아니라는 점**입니다.

오히려, **나약함을 추진력으로 삼고, 현명함이라는 제동 장치를 사용하며 나아간다**는 것입니다. 이 점에 대해서는 5장에서 다시 한 번 차분하게 검토하겠습니다. 그보다 먼저, 그 전제로서 애초에 인간이 어떤 행위를 하게 되는 동기(動機)에 대해 생각해 봅시다.

3장 정리

인간의 나약한 마음의 본질은, 남보다 잘나 보이고 싶다는 야심에 있다.

단, 그런 나약함이 세상을 번영시키는 계기이기도 하므로, 완전히 부정할 것이 아니라 잘 관리해야만 한다.

Adam Smith, **Human Nature**

4^장

왜 우리는
노력하는가?

———

인간에게
동기 부여가 되는
칭찬과 비난

———

타인의 평가를 먼저 의식하는 리스크

우리는 지금까지, 타인의 눈을 의식하면서 남들로부터 좋게 평가받도록 행동한다는 이야기를 했습니다. 그것이 질서를 형성하는 것으로 이어진다고. 그때 타인의 평가는 칭찬과 비난이라는 행위로서 밖으로 나타납니다.

인간은 칭찬을 받기 위해, 그리고 비난받지 않기 위해 노력합니다. 바로 이것이 인간 행동의 일반적인 동기라고 할 수 있습니다. 우리는 누구나 어린 시절부터 부모님이나 선생님에게 칭찬을 받기 위해 노력하고, 야단맞지 않으려고 주의하며 살아왔습니다. 그것은 어른이 되고 나서도 마찬가지입니다. 가정이나 직장, 사회에서 칭찬받을 만한 행동을 하고, 비난받지 않도록 주의를 기울입니다.

이를 아주 알기 쉽게 보여 주는 사건이 최근에 세계를 뜨겁게 달궜던 아이스 버킷 챌린지라는 열풍으로, 이것은 난치병인 루게릭병(ALS · 근위축성 측색 경화증) 환자들에 대한 관심을 환기시키고 지원을 활성화할 목적으로, 지명된 사람이 이어서 얼음물을 뒤집어쓰는 것을 말합니다. 세계 각지에서 전직 대통령이나 기업가, 스포츠 선수 등 유명 인사들이 참여하기 시작하자 단번에 그 움직임은 세계적으로 확대되고 칭찬 릴레이가 이어졌습니다. 그리고 칭찬을 받게 되자, 수많은 사람들이 너나 할 것 없이 계속해서 뒤를 이어 갔습니다.

그러나 일부에서 퍼포먼스로 변질되었다고 비난의 목소리가 들리기 시작하자, 갑자기 사람들이 비난받을 것을 두려워하며 하지 않게 되어 버렸습니다. 결국, 다들 자신의 의지로 좋고 나쁨을 판단한다기보다 타인의 칭찬과 비난으로 움직일 뿐이구나 하고, 저는 다시 한 번 실감할 수 있었습니다.

그렇다면, 대체 어떤 행동을 해야 칭찬받고, 어떤 행동을 하면 비난을 받을까요? 스미스는 일반적인 칭찬과 비난의 기준에 대해서 이렇게 말하고 있습니다.

경험이 우리에게 가르쳐 준, 모든 사람에게서 기대할 수 있는 통상적인 수준의 적절한 자혜에 미치지 못하는 행동은 비난받아 마땅하다고 생각된다. 반대로, 그 수준을 뛰어넘는 것은 칭찬할 만한 가치가 있다고 생각된다. 통상적인 수준 자체는 비난받을 것도 칭찬할 만한 것도 아닌 것으로 보인다. (스미스 · 상, p.210)

물론 모든 것은, 경험상 어떤 것이 거기에 해당하는가 하는 이야기가 되겠지만, 기준은 '적절한 자혜의 통상적인 정도'라는 것에 두고 있습니다. 그것에 미치지 않으면 비난을 받고, 그것을 뛰어넘으면 칭찬을 받습니다. 그리고 못 미치지도 뛰어넘지도 않으면 비난도 칭찬도 받지 않고 그냥 지나가게 됩니다. 적절한 자혜의 정도라고 함은, 쉽게 말해서 남에게 피해가 되는지를 생각해서 일반적으로 행동하는 것이 아닐까요? 그 이상의 것을 하면 칭찬을 받고, 그 정도를 못하는 사람은 비난을 받게 되니까요.

업무상으로 본다면, 해야 할 일을 하는 것은 당연한 것이고, 그 이상의 성과나 결과를 냈을 때 비로소 칭찬을 받게 됩니다. 말하자면, 업적으로 평가를 받는다는 것입니다. 그런데 최근에는 그런 성과주의가 너무 지나쳐서 문제가 되는 측면도 있습니다. 수치상으로 드러나지 않으면 전혀 좋은 평가를 받지 못한다든가, 결과가 전부라고 한다든가. 거기서 눈에 띄는 결과를 내지 않으면 높은 평가를 받지 못한다는 풍조가 생겨났습니다.

물론, 성과주의가 퍼포먼스를 중시하는 표면적 인물 평가로 이어지기라도 한다면 그것은 문제입니다. 더 나아가서는 조직 자체에도 마이너스가 될 수 있습니다. 본래 정당하게 평가를 받아야 하는 사람이나 업무가 제대로 평가받지 못하게 될 수도 있기 때문이지요.

그러나 그 부분은 평가 방식의 문제이지, 동기로서의 칭찬의 의의를 부정하는 것은 아니라고 생각합니다. 참고로, 스미스도 단순히 표면적으로 하는 칭찬에는 부정적인 입장입니다.

그러한 근거 없는 갈채에 기뻐한다는 것은 피상적인 경솔함과 나약함의 증거이다. 그것은 허영이라고 불리기에 적절한 것이며, 가장 어리석고 경멸할 만한 여러 악덕들의 기초가 된다. (스미스 · 상, p.284)

아무리 타인이 좋아할 것 같은 행위라도 그것이 위선이어서는 안된다는 말입니다. 여러분도 남을 기쁘게 할 만한 어떤 일을 했을 때, 그것이 자신의 다른 속내에 의한 것이라면 왠지 좀 뒤가 켕기는 기분을 느낄 것입니다. 그럴 때는 아무리 칭찬을 받아도 기쁘지 않고, 설령 그렇게 해서 기쁜 마음이 든다면 그것은 허영이고 경멸해야 하는 감정입니다.

반대로 말해서, 겉으로는 칭찬받지 않더라도 자신의 마음속에서 진심으로 만족하면 그걸로 충분합니다. 남들이 알아주지 않더라도, 자신을 드러내지 않고 좋은 일을 하는 키다리 아저씨처럼 말이지요. 그것은 스미스가 말하는, 칭찬에 기뻐하는 것이 아니라 '칭찬받을 만한 일'을 했다는 사실에 기뻐하기 때문입니다.

이러한 논리는 비난의 경우에도 해당되는데, 우리는 '비난할 만한 일'에 대해서 괴로워합니다.

설령 실제로는 비난의 감정이 우리에게 행사되지 않았더라도, 우리는 우리와 함께 사는 사람들의 비난을 받아 마땅하다고 반성을 하게 되면 마음이 괴로워진다. (스미스 · 상, p.286)

그렇기 때문에 미리 예측에 의한 동감(同感)이라는 감정이 일어날 수 있습니다. 아직 아무 일도 일어나지 않았는데도, 이런 일이 벌어지면 이렇게 느끼겠지 하는 것을 미리 예측하는 것입니다. 그리고는 칭찬을 하기도, 비난을 하기도 합니다. 스미스는 이에 대해서도 언급했습니다.

이런 경우에 그는 자신에게 주어질 갈채와 감탄을 미리 예측하고, 실제로는 생겨나지 않은 여러 감정에 대한 동감에 의해, 그 자신에게 갈채하고 감탄한다. (스미스 · 상, p.287)

현실에서는 이러한 동감을 미리 짐작하는 경우가 많지 않을까요? 우리는 매사를 예측하면서 살아갑니다. 이렇게 하면 저런 식으로 될 거야 하는 그런 예측의 연속 안에서 살아가고 있습니다. 스미스는 그러한 감정이 극에 달한 것이, 사후의 명예를 기대하는 행위라고 봅니다.

사람들은 종종 그들이 이미 누릴 수 없는 명성을 사후에 획득하기 위해 자발적으로 생명을 내던졌다. 그때 그들은 죽고 난 후에 그들에게 주어질 명성을, 상상력을 통해 미리 짐작했던 것이다. (스미스·상, p.287)

착하게 살아간다. **도덕적으로 살아간다는 것은 바로 이런 동감을 미리 예측하게 할 수 있는 기술**일지도 모릅니다. 다만, 남들의 평가를 너무 민감하게 여기는 것은 좋지 않습니다.

오늘날 인터넷상의 프로그램들은 책이나 상점들에 대한 리뷰, 페이스북의 '좋아요' 버튼이나 트위터의 리트윗, 블로그의 댓글 등 무언가에 대한 평가 장치들로 넘쳐 납니다. 우리의 일거수일투족을 평가받는 시대가 된 것입니다. 그렇기 때문에, 타인의 평가에 벌벌 떨며 살아가서는 안 됩니다.

그렇게 **타인의 평가를 너무 두려워하고, 심지어 평가를 미리 짐작해 버리면 결국 아무것도 할 수 없게 된다**는 문제점에 빠지게 됩니다. 비난받을 것이 두려워 행동을 과도하게 삼가게 되는 것이지요. 그렇게 되면 칭찬받을 기회조차 잃게 됩니다. 그러므로 과도하게 신경을 써서는 안 됩니다. 이것만큼은 몇 번이고 강조하고 싶습니다.

인정받고 싶은 욕구보다 앞선 것

그런데, 스미스가 말한 인간 행위의 동기가 되는 칭찬은 다음 두 단계의 욕구에 입각하게 됩니다. 요컨대, 인정받고 싶다는 욕구와 그에 덧붙여 인정받아야 하는 존재가 되고 싶다는 욕구를 바탕으로 하고 있습니다.

조물주는 인간에게 타인으로부터 인정받고 싶은 욕구뿐만 아니라 인정받아 마땅한 사람이 되고 싶은 욕구를, 다시 말해, 다른 사람들

속에서 그 자신이 스스로를 칭찬할 만한 존재가 되고 싶다는 욕구를 부여하였다. 첫 번째 욕구는 그가 사회에 적합한 존재로 보이기를 희망하게 했을 것이다. 그런데 그가 정말로 적합한 존재가 되고 싶다고 열망하게 하기 위해서는 두 번째 욕구가 필요했다. 전자는 그저 덕을 겉으로 보이게 하고, 악덕을 은폐하도록 그를 재촉할 수 있었을 뿐이다. 후자는 그가 진정으로 덕을 선호하고 악덕을 기피하도록 하는 마음을 불어넣기 위해 필요했다. (스미스 · 상, p.382)

이와 같이, 인정을 받고 싶다는 욕구는 첫 번째 욕구이며, 그것은 단순히 사회에 적합한 존재로 여겨지고 싶다는 욕구에 지나지 않습니다. 사회적 동물인 우리 인간은 누구나 그러한 욕구를 가지고 있기 마련입니다. 그러나 그것만으로는 불충분합니다. 왜냐하면, 가령 겉치레용 선행을 하더라도 사회에 적합하다고 생각되게 하는 것은 가능하기 때문입니다. 그래서는 안 됩니다.

즉, 아무리 인정을 받아도 그 알맹이를 수반하지 않는다면 스스로는 납득할 수 없는 법입니다. 그래서 두 번째 욕구가 등장하게 됩니다. 그것은 자신이 타인을 칭찬하는 것과 똑같은 기준의 행동을 하는 것입니다. 만약 타인의 행위가 거짓된 선행이라는 것을 알고 있다면 그를 칭찬할 수는 없겠지요. 진심 어린 선행일 때야 비로소 칭찬을 하게 됩니다. 그리고 자신도 똑같은 일을 하고 싶다고 생각하게 됩니다. 그런 의미에서, **인정받아 마땅한 존재라는 알맹이야말로 칭찬할 만한 가치가 있는 진정으로 올바른 행위의 동기가 됩니다.** 물론, 이것은 비난에 대해서도 마찬가지입니다.

> 그는 비난뿐만 아니라 비난받을 만한 존재가 되는 것을 두려워한다. 다시 말해, 누구에게도 비난받지 않음에도 불구하고 자연스럽고 적절한 비난의 대상이 되는 것을 두려워한다. (스미스 · 상, p.379)

여기서 궁금한 것은, 아직 칭찬도 비난도 받고 있지 않은 상황이라면 어차피 하게 될 행위에 대해 어떻게 대처해야 하는가 하는 점입니다. 어떤 행위가 칭찬을 받을지 모르고, 반대로 꾸지람을 들을지도 모를 때 우리는 어떻게 해야 하는가?

바꾸어 말해, 이것은 칭찬과 비난 중에서 어느 쪽이 중요한가 하는 이야기가 됩니다. 왜냐하면, 비난받지 않는 것이 중요하다면 위험을 피해 그러한 행위를 하지 않으려 할 것이고, 반대로 칭찬받는 것이 중요하다면 과감하게 그 행위를 하려고 할 것이기 때문입니다.

스미스는 이렇게 말했습니다.

감수성이 예민한 사람은 정당한 갈채를 받아 어깨가 으쓱해지는 것보다, 정당한 비난을 받았을 때 좌절하는 정도가 훨씬 더 큰 경향이 있다. 현명한 사람은 받을 만한 가치가 없는 갈채를 어떤 경우에라도 그것을 경멸하고 거절하지만, 그는 종종 부당한 비난을 받게 되면 그 부정함에 대해서 몹시 심하게 분노를 느낀다. (스미스 · 상, p.390)

아무래도 스미스는 **인간이 비난받는 쪽을 보다 더 신경 쓴다**고 생각한 것 같습니다(ㅣ그림 4-1ㅣ칭찬과 비난). 그리고 보면 분명 우리들은 평소 칭찬받는 것보다도 비난받지 않도록 주의하며 살아가고 있는 것 같습니다. 이렇게 하면 칭찬받을 깃이라는 것보다, 이런 행동을 하면 곤란하다는 것을 항상 의식하고 있으니까요.

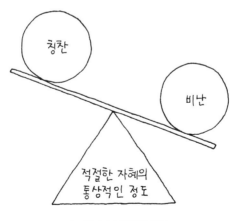

ㅣ그림 4-1ㅣ 칭찬과 비난

물론 칭찬과 비난의 기준은 경우에 따라 다릅니다. 그래서 그 예측은 간단하지 않습니다. '분위기를 파악하는 능력'이 요구되는 셈이지요. 같은 행동이라도 때와 장소에 따라서는 칭찬의 대상이 되기도 하고 비난의 대상이 되기도 합니다. 가장 이해하기 쉬운 것은 문화 차이에 의한 것입니다. 스미스는 이렇게 말했습니다.

마찬가지로, 다양한 시대와 국가의 가지각색의 상황들은 그 속에서 생활하는 대다수의 사람들에게 각기 서로 다른 성격을 부여한다. 그리고 특정한 자질이 비난받거나 칭찬받는 정도에 대한 그들의 감정은, 그들 자신의 국가와 시대에서 통상적으로 생각하는 정도에 따라 달라진다. (스미스·하, p.75~76)

제 아이는 미국에서 처음 초등학교를 다녔기 때문에, 다른 사람과 다른 의견을 말하거나, 발언을 몇 번이고 하는 행동이 당연하다고 생각했습니다. 사실 미국의 초등학교에서는 평범한 일이지요. 그러나 일본에 귀국해서 초등학교에 갔더니 남과 다른 의견을 말하는 사람은 특이하다고 생각해 버리는 분위기였습니다. 거기다 몇 번이나 발언을 하자 다른 학생들을 생각하지 않는, 분위기 파악을 못 하는 아이라고 여겨졌습니다. 그래서 갑자기 비난의 대상이 되고 말았습니다.

그때 바로 스미스가 말한 문화에 따른 칭찬과 비난에 대한 기준의 차이를 실감했습니다. 동시대라 하더라도 장소에 따라 이렇게나 다르구나 하고 말이지요. 물론 어느 쪽이 좋다고 일괄적으로 말할 수 있는 문제는 아닙니다. 일본에는 협동성이나 평등성을 중시하는 문화가 있는 법이니까요. 하지만, 공평함을 너무 중시한 나머지 학급 회장도 뽑지 않는 현재의 풍조는 어딘가 좀 이상한 것 같기는 합니다만…….

이런 문화 차이에 따른 엇갈린 평가에 대해서는 6장에서 다시 이야기하겠습니다. 과연 보편적인 동감이 성립할지 안 할지. 오히려 여기서 문제로 삼고 싶은 것은 문화가 아니라 사람에 따라 칭찬과 비난의 기준이 다른 경우에 대한 것입니다.

여론보다 스스로의 양심을 우선시하자

그렇다면, 칭찬을 해야 할지 비난해야 할지, 판단이 엇갈리는 경우에는 어떻게 하면 좋을까요? 의도한 것과 결과가 다른 경우, 말하자면 세간의 평가와 자기 안에 있는 공평한 관찰자의 평가가 다른 경우에 생기는 문제입니다.

이 점에 대하여 스미스는 재판을 예로 들어 설명하고 있습니다.

그러나 인간이 이런 방식으로 인류의 직접적인 재판관이 되었다고는 하지만, 그것은 1심 재판에서만 그렇지 그 판결에 대해서는 훨씬 더 높은 법정, 자신의 양심의 법정, 중립적이고 풍부한 지식을 가졌다고 가정한 관찰자의 법정, 자기 행위의 위대한 재판관이자 판결자인 자기 가슴 속에 있는 사람, 즉 내부 인간의 법정에 항소할 수 있다.

이 두 가지 법정의 사법권은 어떤 점에서는 유사하고 비슷하지만, 사실은 상이하고 구별되는 여러 원칙에 근거하고 있다. 외부 인간의 사법권은 전적으로 실제의 칭찬에 대한 욕구와 실제의 비난에 대한 혐오에 기초를 둔다. 그러나 내부 인간의 사법권은 전적으로 칭찬할 만한 일에 대한 욕구와 비난할 만한 일에 대한 혐오에 기초를 둔다. 즉, 우리가 좋아하고 감탄하는 어떤 자질(資質)과 행위들을 다른 사람들에게서 발견하는 경우 우리 자신도 그런 자질을 소유하려 하고 그런 행위를 행하고 싶은 갈망과, 우리가 증오하고 경멸하는 어떤 자질과 행위들을 다른 사람들에게서 발견하는 경우 우리 자신도 그런 자질을 갖게 되고 행하는 것에 대한 공포심에 기초를 두는 것이다. (스미스·상, p.406~407)

요컨대, 스미스는 '세간의 평가'를 제1심으로, '공평한 관찰자'를 제2심으로 하는 것입니다. 1심과 2심에서 판결이 다른 경우에는 재판의 규칙이 그러하듯, 상급 판결을 우선시합니다. 즉 **공평한 관찰자가 세간의 평가보다 우선시되는** 셈입니다.

그러나, 그렇다고 해서 항상 2심을 우선하는 것이 아니라, 현명한 사람인지 나약한 사람인지에 따라서 우선하는 판결은 달라집니다. 이 경우에는 물론, **현명한 사람은 2심을 우선하고, 나약한 사람은 1심을 우선하게 될 것**입니다(|그림 4-2| 평가가 엇갈리는 경우).

이것은 두 종류의 인간이 있다는 것이 아니라, 같은 한 사람이더라도 현명함과 나약함이라는 두 가지 측면을 갖게 된다는 말입니다. 여기에는 갈등이 존재하기 마련입니다.

어쩌면 스미스의 내부에서도 갈등이 있었는지 모릅니다. 미즈다 히로시는 『애덤 스미스』 중에서 다음과 같이 지적하고 있습니다.

양심이란 타인의 눈, 동감, 혹은 여론이 개인의 내면에 정착한 것이다. 따라서 양심과 여론이 대립하는 경우, 예를 들어 세상이 비난하더라도 양심에 거리낌이 없다거나, 반대로 세상이 격찬하는데도 양심의 가책을 느끼는 일은 있을 수가 없을 것이다. 확실히 동질의 대등한 개개인이 각자의 이익을 추구하는 사회의 일상생활을 생각해 보면 그럴 것이다. 스미스도 『도덕감정론』의 초판

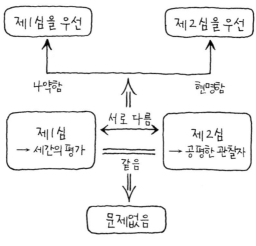

| 그림 4-2 | 평가가 엇갈리는 경우

에서는 그렇게 서술하고 있다. (미즈다, 『애덤 스미스』 p.80~81)

　말하자면 스미스는 『도덕감정론』을 처음으로 세상에 선보인 초판에서는 제1심도 제2심도 없다고, 즉 세간의 평가가 곧 공평한 관찰자의 판단이라고 생각했던 것입니다. 그러나 스미스는 개정판에서 여론과 양심은 대립하고, 양심이 여론보다 우월하다고 논하게 됩니다. 이것은 이론이 진화했다고 보아도 좋을 것 같습니다. 오늘날의 일본도 마치 여론이 양심이기라도 한 듯 파악하는 경향이 있는데 조금만 생각해 보면 알 수 있듯이 결코 그렇지는 않습니다. 여론은 일시적인 감정에 휩쓸린 의견들의 집합체와 같은 것이니까요. 거기에서 냉정한 판단을 바랄 수는 없습니다. 어디까지나 첫인상과 같은 것입니다.

　그렇다고 해서 첫인상에 아무런 의미도 없다고는 할 수 없습니다. '백성의 목소리는 곧 신의 목소리'인 것도 분명한 사실이며, 그 사실을 무시하게 되면 민주주의는 위험한 상태에 빠지게 됩니다. 다만 여론이 양심과 다르다는 점은 자각할 필요가 있다는 것입니다.

　이상에서와 같이, 인간은 칭찬받고 싶어서 노력을 하는 셈인데 세상과 공평한 관찰자의 평가가 다른 경우에는 세상의 기준에 어느 정도는 맞추면서도 관찰자로서 냉정한 판단을 해야 합니다. 그렇지 않고 아첨하듯 세상에 맞추려고만 하면 자신이 싫어지게 될 테니까요. **남이 뭐라 말하든 올바르게 살고 싶어 하는 것이 인간의 본질**인 것입니다. 그것을 '덕(德)'이라고 부를 수도 있습니다. 다음 장에서는 덕에 대해 생각해 보도록 하겠습니다.

4장 정리

인간이 열심히 노력하는 것은, 타인에게 칭찬받기 위함이거나 비난받지 않기 위해서이다. 단, 타인의 평가를 과도하게 두려워하고 미리 예측하게 되면 행동에 방해를 받게 되므로 자신의 양심에 따라 행동하도록 하자.

Adam Smith, **Human Nature**

5장

돈벌이는
나쁜 것인가?

———

돈벌이와
양립하는 덕

———

돈은 마음의 평정을 약속해 주는가?

앞에서 언급해 왔듯이, 스미스는 기본적으로 이기심(利己心)을 긍정적으로 이해하며, 그것을 추구하는 것이야말로 경제적 번영과 더 나아가 사회 질서를 초래하는 것이라고 하였습니다. 그러나 그렇게 되면 마치 이익을 추구하고 돈을 버는 것이 행복인 것처럼 들리게 됩니다. 과연 정말로 그럴까요? 적어도 스미스는 그렇게는 생각하지 않았던 것 같습니다. 스미스의 행복감은 다음 문장에서 명확하게 드러나 있습니다.

> 행복은 평정(平靜)과 향수(享受)에 있다. 평정 없는 향수가 있을 수 없고, 완전한 평정이 있는 경우에는 어떤 일이든 그것을 즐기지 못하는 경우는 좀처럼 없다. (스미스 · 상, p.432)

평정(tranquility)과 향수(enjoyment)가 행복의 요소라고 언급되어 있지만, 평정에 더 중점을 두고 있다는 것을 읽어 낼 수 있습니다. **평**

정이 있어야 그다음에 누릴 수 있는 것이라고.

마음의 평정이 행복이라고 한다면, 과연 그 평정은 어떻게 획득할 수 있는 것일까요? 돈이 남아돌 정도로 많다면 인간은 안정될 수 있을까요?

제가 아는 한, 그것은 오히려 반대라 해도 과언이 아닙니다. 돈에 집착하고, 돈을 많이 가지고 있는 사람일수록 그것을 잃는 것이 두려워 전전긍긍해 합니다. 왜냐하면 그 사람들에게는 돈이 전부이며, 그 돈이 없어지면 행복을 잃게 된다고 생각하기 때문입니다. 그리고 아무리 돈이 중요하다 해도 그것이 사물의 가치를 구체화한 물질에 지나지 않는 이상, 언제, 어느 때 단순한 애완물(愛玩物)처럼 의미 없는 것으로 변모할지 알 수 없습니다. 전쟁이나 하이퍼 인플레이션 같은 역사가 초래했던 냉혹한 사실이 그것을 여실히 이야기해 줍니다.

스미스는 이것을 잘 알고 있었습니다. 그래서 그야말로 돈을 애완물에 비유해 이렇게 말했습니다.

마침내 그는 그러한 부와 지위가 보잘것없는 효용을 지닌 애완물에 불과하고, 육체의 안락과 정신의 평정을 확보하기 위해서는 장난감 애호가의 잡동사니 상자 이상으로는 적당하지 않다는 것, 그리고 부와 지위는 잡동사니 상자와 마찬가지로 그것을 가지고 있는 사람에게 줄 수 있는 편리함을 뛰어넘어 번거로운 존재라는 것을 깨닫기 시작한다. (스미스 · 하, p.17~18)

즉, **돈이란 애완물과 같은 것일 뿐 영원히 마음의 평정을 가져다주지는 않는다**는 것입니다. 심지어 번거롭기까지 하다고 말합니다. 돈은 시기의 대상이나 배신의 원인이 되기도 하기 때문입니다. 돈을 유지하기 위해서 무언가 희생하고 있는 것이 있다면 더더욱 그럴 것입니다.

그보다 훨씬 중요한 것이 있다는 것을 깨달아야 합니다. 스미스는 딱 잘라서 이렇게 답합니다.

건강하고 빚이 없고, 양심에 거리낌이 없는 사람의 행복에 무엇을 더하겠는가? 이러한 상황에 있는 사람에게는 어떠한 재산의 추가도 쓸데없는 것이라 해야 할 것이다. 그리고 만약에 그가 재산 추가를 위해서 매우 들떠 있다면 그것은 틀림없이 아주 보잘것없는 경솔함의 결과일 것이다. (스미스 · 상, p.116~117)

'건강'하고 '빚이 없는' 상태, '양심에 거리낌이 없는 삶', 이 세 가

지야말로 돈 이상으로 소중한 것입니다(│그림 5-1│ 돈 이상으로 소중한 것).

물론, 스미스도 신선은 아니기에 돈이 전혀 필요 없다는 이야기를 하는 것은 아닙니다. 이제까지의 맥락에서도 명백히 알 수 있듯이, 그는 이기심을 긍정하고, 부를 추구하는 것 자체는 사회의 번영으로 이어진다고 주장하고 있으니까요.

단지, 동시에 거기에는 한계가 있다고 말하고 싶은 것입니다. 스미스는 다른 곳에서 '비참함의 구렁텅이'라고 표현하고 있는데, 소위 최저 수준의 부(富)만 확보된다면 나머지는 그렇게 다르지 않다고 말합니다.

그러니 그 이상을 원하더라도 행복의 양(量)이 달라지기는커녕, 오히려 불행해질 수도 있다고 생각하는 것이지요.

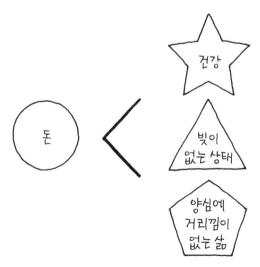

│그림 5-1│ 돈 이상으로 소중한 것

이런 스미스의 행복론(幸福論)은 역사상의 많은 행복론과 일맥상 통하는 것이 있습니다(│그림 5-2│스미스의 행복론).

소위 3대 행복론이라고 불리는 알랭, 러셀, 힐티의 행복론도 각각 지나치게 원하지 않는 것을 목적으로 하고 있습니다. 특히 물질적인 것보다도 정신적인 것에서 행복을 찾고 있는 점은 완전히 똑같다고 할 수 있습니다. 알랭은 '긍정적인 마음가짐' 자체에서 행복을 찾고, 러 셀은 '무엇인가에 몰두할 수 있는 일' 이야말로 행복이라고 합니다. 그 리고 힐티는 크리스트교적 관점으로 단호하게 '순수한 영혼으로 행복 해질 수 있다.' 라고 합니다.

시대를 더욱더 거슬러 올라가면, 고대 그리스의 철학자 아리스토 텔레스는 적당함을 의미하는 '중용' 에서 행복을 찾으며, 그 후의 헬레 니즘 사상가들은 표현은 다르지만 '정신적 평온' 이야말로 행복이라고

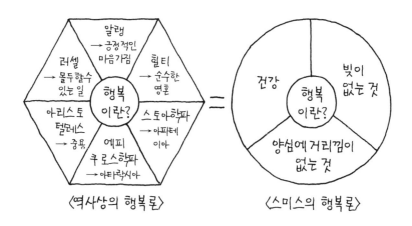

│그림 5-2│스미스의 행복론

주장했습니다. 에피쿠로스학파가 말하는 아타락시아나 스토아학파에서 말하는 아파테이아도 결국은 마음이 차분하고 평온한 상태를 의미하는 것입니다.

이와 같이 **행복이란 역시 마음의 평정이며, 그것은 결코 극단적이지 않은 적당한 상태**를 말합니다.

다만, 부(富)에 관해서는 적당한 균형을 맞추는 것이 그리 간단하지 않습니다. 도박을 할 때도, 조금 더 딸 수 있다고 생각하기 때문에 그만두지 못하는 것입니다. 종종 '초보자의 행운'이라고 하는데, 파친코(일본식 슬롯머신)를 처음 해 본 사람이 운 좋게 조금이라도 이익을 얻게 되면 파친코에 빠지게 된다고 합니다. 그리고 전체적으로는 지는 횟수가 더 많음에도 불구하고 끝도 없이 계속하게 되지요.

저는 운이 좋았던 것 같습니다. 젊은 시절 친구에게 억지로 끌려가서 딱 한 번 파친코를 한 적이 있는데, 초보자의 행운은커녕 아르바이트로 번 돈을 전부 탕진하게 되는 바람에, 그 후 두 번 다시 파친코에는 가지 않았으니까요.

인간은 어떻게 하면 적당한 부에 만족할 수 있을까? 거기에는 덕(德)이 관계하고 있습니다.

● ● ● 알랭(1868~1951) 본명은 에밀 사르티에. 프랑스의 철학자이자 평론가. 알랭은 그의 필명이다.
리세(고등중학교)의 철학 교사였으며, 3대 행복론의 저자 중 한 사람이다. 제1차 세계 대전 종군 경험도 있다. 오랜 기간에 걸쳐 신문에 프로포라고 하는 단문을 연재했다. 프로포란 알랭의 독창적인 문학 형식으로, 종이 1매 2페이지에 쓰인 짧은 문장이다. 그 사상은 매우 알기 쉽고, 또한 낙관주의라고 평가할 수 있다. 저서로 『행복론』, 『해변의 대화』 등이 있다.

덕(德)이란 무엇인가?

　분명히 우리는 부(富)의 획득을 노리는 생명체입니다. 그리고 그
것이 개인의 삶의 보람이나 사회의 번영으로 이어질 뿐만 아니라 심지
어는 추진력이 되기도 합니다. 그러한 점은 충분히 설명해 왔습니다.
그러나 스미스는 그것만이 아니라고 합니다. 우리가 살아가는 데 중요
하게 여기는 또 다른 것이 있다는 것이지요. 한마디로 말해서, 그것은
'덕(德)'이라 할 수 있습니다. 덕은 영어로 'virtue'인데, 스미스는 다
음과 같이 표현하고 있습니다.

　덕이란 탁월함이며, 대중적이고 통상적인 것을 훨씬 뛰어넘는 보
통이 아닌 위대하고 아름다운 어떤 것이다. 우리가 마땅히 사랑해야
하는 덕은 극도의 예기치 못한 섬세함과 따뜻함으로 사람을 놀라게
할 정도의 감수성 안에 존재한다.
　경외심과 존경심을 불러일으키는 덕은 인간의 본성에서 가장 통
제하기 어려운 여러 정념에 대해 눈을 휘둥그레하게 만들 정도의 지

● ● ● 버트런드 러셀(1872~1970)　영국의 철학자. 3대 행복론의 저자 중
한 사람. 처음에는 수학이나 기호를 논리학 수법으로 분석하여 현대 분석학
의 기초를 구축했다. 그 후, 사회를 행복하게 하기 위한 활동을 펼쳤다. 아인
슈타인 등의 과학자들과 함께 핵무기 폐기와 과학 기술의 평화적 이용을 호
소한 '러셀 · 아인슈타인 선언'은 유명하다. 저서로 『마음의 분석』, 『행복론』
등이 있다.

배력을 통해 존재한다. (스미스 · 상, p.64~65)

덕을 가리켜 평범한 것이 아니라 위대한 것이라고 한 이유는, 통제하기 어려운 인간의 정념을 지배하는 힘을 가지고 있기 때문입니다. 스미스는 그것을 자기 규제(自己規制)라고 부릅니다. 바로 이 **자기 규제야말로 덕의 본질**입니다(| 그림 5-3 | 덕과 자기 규제의 관계). 스미스는 자기 규제에 대하여 다음과 같이 말했습니다.

우리는 자기 규제를 통해 현재의 욕망을 더욱더 충분히 만족시키기 위해 억제를 하지만, 그러한 자기 규제는 효용성의 측면에서는 물론 적정성의 측면에서도 시인(是認)된다. 우리가 이러한 태도로 행동하는 경우, 우리의 행동을 좌우하는 감정들은 관찰자의 감정과 정확히 일치한다고 생각된다. 관찰자는 현재 우리가 느끼는 욕망의 유혹을 느끼지 않는다. (스미스 · 하, p.36)

즉 **자기 규제란, 욕망을 억제하는 것이며, 그것은 공평한 관찰자가 취할 태도**라고 합니다. 따라서 결코 자기 부정과는 다릅니다. 자기 부정은 욕망을 버리는 것을 의미하기 때문입니다. 그것은 불가능한 것이

● ● ● 카를 힐티(1833~1909) 스위스의 철학자. 3대 행복론의 저자 중 한 사람. 원래는 법학을 하여 변호사로 활약했고, 마지막에는 스위스 육군 재판장직까지 역임했다. 동시에, 대단한 노력가에 문필에도 능하여 베를린 대학 교수로 초빙되었다.
박식한 점을 살려 폭넓은 저작 활동을 하였다. 특히 성서에 깊이 감화되어 종교적, 윤리적 저작을 많이 남겼다. 저서로『행복론』,『잠 못 이루는 밤을 위하여』등이 있다.

기도 하며 유해(有害)하기조차 합니다.

욕망은 개인적으로나 사회적 입장에서도 필수 불가결한 추진력이며, 문제는 그것을 약화시키는 것이 아니라, 잘 컨트롤해야 하는 것이기 때문입니다.

그런 면에서 확실히 우리는 욕망을 잘 컨트롤하는 사람을 덕이 있는 사람이라고 칭하는 경우가 있습니다. 과도하게 욕심부리지 않는 사람, 적당히 참을 줄 아는 사람입니다. 아리스토텔레스는 덕이란 바로 중용이라고 말하고 있으며, 이미 언급해 왔듯이 스미스가 말하는 공평한 관찰자가 바탕으로 하는 것도 중용이었습니다.

따라서 부를 추구하는 욕망을 향해, 돈벌이가 중요하기는 하지만 적당한 선에서 멈추도록, 어느 정도 선에서 제동을 걸어 주는 덕도 또한 중용인 것입니다. 그러나 이것은 인간에게 좀처럼 어려운 일이지요. 그래서 실패를 하는 것입니다.

대체 어떻게 하면 부를 추구하는 것과 덕을 추구하는 것을 양립시킬 수 있을까요?

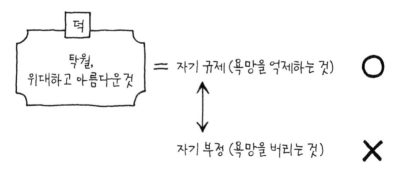

| 그림 5-3 | 덕과 자기 규제의 관계

'재산을 향하는 길'과 '덕을 향하는 길'

부를 추구하는 것과 덕을 추구하는 것에 대하여 스미스는 두 가지 길로 파악하고 있습니다. 요컨대, '재산을 향하는 길'과 '덕을 향하는 길'이라는 두 종류의 길입니다.

인류의 존경과 감탄을 받을 자격이 있고, 그것을 획득하고 누리고자 하는 것은 야심(野心)과 경쟁심의 거대한 목표이다. 그만큼 갈망하는 목표를 달성할 수 있도록 동일하게 도달하는 두 개의 다른 길이 우리에게 제시되어 있다. 하나는 지혜를 연구하고 덕을 실천하는 길이며, 다른 하나는 부와 지위를 획득하는 길이다. (스미스·상, p.164)

부를 획득하고 세상으로부터 평가를 받는 것이 재산을 향하는 길이며, 덕을 획득하고 공평한 관찰자로부터 평가를 받는 것이 덕을 향하는 길입니다.

단지, 길은 달라도 양자(兩者)의 목표는 똑같은 것으로, 그로 인해 인류의 존경과 감탄을 얻고자 하는 것입니다. 결국은, 양자를 대립시킬 필요가 전혀 없다는 것이고, 나아가 모순되는 것도 아닌 것입니다. 실은 스미스도 재산을 향하는 길이 덕을 향하는 길과 일치하는 경우가 있다고 말했습니다(| 그림 5-4| 재산을 향하는 길과 덕을 향하는 길의 일치).

　　생활상의 지위로 볼 때, 중류 및 하류 계층의 사람이 덕과 재산을 획득할 수 있는 길은, 적어도 그런 계층의 사람에게 합리적으로 기대되는 정도의 재산을 획득하는 길은, 다행히도 대개의 경우 거의 동일하다.
　　모든 중류 및 하류층의 사람들이 종사하는 전문직에서는 진실하고 견고한 전문직 능력이 신중하고 정의로우며 꿋꿋하고 절제된 행동과

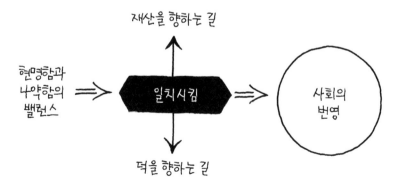

| 그림 5-4| 재산을 향하는 길과 덕을 향하는 길의 일치

연결되면, 성공하지 못하는 경우는 거의 없다. (스미스 · 상, p.166)

요컨대, 성실하게 일하면 돈을 벌 수 있다는 말입니다. 만약 타인을 속이거나 탐욕스럽고 뻔뻔한 방법을 쓴다면, 그 즉시 신뢰를 잃고 부를 얻을 기회를 놓쳐 버릴 것입니다.

근대 독일의 철학자 헤겔은 『법철학』의 시장에 대해 논한 유명한 부분에서, 바로 이 성실함의 의의를 강조하고 있습니다. 헤겔은 스미스의 이론에서 영향을 받은 것이 분명합니다. 헤겔은 그런 성실함이 시장을 발전시키고, 국가의 초석이 된다고 논하고 있습니다. 제가 보기에는 아무래도 스미스가 말하고 싶었던 것을 헤겔이 부연하고 있는 것처럼 생각됩니다. 더욱이 이것은 현대의 직업윤리에서도 설명되는 보편적 진리이기노 합니다.

이와 같이 스미스가 말하는 두 개의 길, **'재산을 향하는 길'과 '덕을 향하는 길'은 본래 하나의 길이며, 이 두 개의 길을 일치시키는 것이야말로 비로소 개인과 사회에 번영을 가져다준다**는 것입니다. 이것이 돈벌이와 덕을 일치시키는 방법입니다.

그리고 그것을 가능하게 하는 것이 바로 3장에서 잠시 언급했던,

• • • G.W.F. 헤겔(1770~1831) 독일의 철학자. 근대 철학의 완성자로 불리는데, 그 명성 그대로 근대의 모든 철학을 체계화하고 완성시켰다고 한다. 젊은 시절은 불우했는데, 37세의 나이에 『정신 현상학』으로 데뷔할 때까지는 대학의 정규직에도 못 있었다. 그러나 최후에는 학문 행정의 최고인 베를린 대학의 총장으로 취임한다. 만물이 발전하는 메커니즘을 설명한 변증법 이론으로 유명하다. 저서로 『정신 현상학』, 『법철학』 등이 있다.

한 사람의 내부에 있는 현명함과 나약함의 균형인 것입니다.

허영심을 에너지로 바꾼다

3장의 끝 부분에서 현명함과 나약함에 대해 언급했습니다. 욕망에 사로잡히는 것은 인간의 나약함이라 할 수 있겠지요. 하지만 인간에게 는 그 욕망에 제동을 가할 수 있는 현명함 또한 존재합니다. 이 둘의 관계에 대해서 스미스는 다음과 같이 극단적으로 표현했습니다.

그들은 우리에게 지위에 현혹되지 말라고 경고한다. 이러한 현혹 은 확실히 너무나 강력하기 때문에, 사람들은 현명한 사람과 유덕 (有德)한 사람이 되기보다 부자와 지위가 있는 사람이 되기를 더 선 호할 정도이다. (스미스 · 하, p.126~127)

욕망이라는 나약함이 강력하다지만, 현명함도 그에 못지않습니다.

앞에서 보아 왔듯이, 스미스가 '재산을 향하는 길'과 '덕을 향하는 길'이 일치하는 것이야말로 사회의 번영을 초래한다고 한 것을 보아도 알 수 있습니다.

이 현명함과 나약함이 가지는 각각의 역할 및 관계에 대해서는 도메 다쿠오 씨가 쓴 『애덤 스미스』 속에서 명확하게 정리하고 있습니다.

이상과 같은 스미스 논의의 특징은 인간의 내부에 '현명함'과 '나약함'을 둘 다 인정하고 있는 점이다. 그리고 인간 사회의 질서와 번영이라는 거대한 목적에 대해 '현명함'과 '나약함'은 각각 다른 역할을 부여받고 있다. 이를테면, '현명함'에는 사회 질서를 야기하는 역할이 있고, '나약함'에는 사회의 번영을 가져오는 역할이 부여되어 있다. 특히 '나약함'은 언뜻 보기에는 악덕(惡德)인 것처럼 보이지만 이런 '나약함'도 '보이지 않는 손'에 이끌려 번영이라는 목적을 실현하는 데 공헌한다. 그러나 '보이지 않는 손'이 충분히 기능하기 위해서는 '나약함'을 그대로 두는 것이 아니라 '현명함'에 의해 제어되어야만 한다. (도메 다쿠오, 『애덤 스미스』 p.104)

인간은 나약한 존재입니다. 하지만 그와 동시에 현명함을 지닌 존

재인 것도 분명한 사실이지요. '인간은 생각하는 갈대'라는 프랑스의 사상가 파스칼의 유명한 명언을 인용할 필요도 없이, 그것이 바로 인간의 본질이자, 인간이 인간일 수 있는 이유라고 할 수 있겠습니다. 갈대처럼 나약할지라도 인간에게는 생각하는 이성이 있습니다. 따라서 나약함을 어떻게 현명함으로 길들일 것인가. 모든 것은 거기에 달려 있습니다.

이 문제는 스미스의 시대 이상으로 자본주의가 갈 데까지 간 현대 사회에서 매우 중요한 과제라고 할 수 있습니다. 이미 뭐든지 시장에서 거래가 되고, 돈만 내면 사람의 몸은 물론 마음까지도 살 수 있을 것 같은 시대이니까요. 지금이야말로 현명함이 필요합니다. 이른바 자본주의에도 도덕이 필요한 것입니다.

그러나 이런 이치를 논리적으로 부정하려고 하는 견해가 있는데, 『윤리 공간에 대한 질문』속에서 마부치 고지 씨가 소개한 프랑스의 철학자 콩트 스퐁빌의 입장입니다.

아무래도 콩트 스퐁빌은 자본주의의 도덕성을 묻는 것이 무의미하다고 주장하는 것 같습니다. 왜냐하면, 자본주의는 비인격적 제도라서 선악을 따질 수 없는 것이라고 여겼기 때문입니다.

이것은 상당히 핵심을 찌르고 있는 만큼 까다로운 주장인데, 마부

••• 블레즈 파스칼(1623~1662) 프랑스의 사상가이자 과학자. 모럴리스트 중 한 사람으로, 인간이 살아가는 법을 수필 형식으로 표현했다. 인간의 사고 능력에 주목한 '생각하는 갈대'라는 표현이 매우 유명하다. 단, 그의 사상은 합리적 사고로서의 '기하학 정신'뿐만 아니라 감정을 의미하는 '섬세한 정신'도 필요하다고 한 점에 특징이 있다. 게다가 수학이나 물리학 분야에서도 업적을 남겨, 그 유명한 '파스칼의 원리'의 발견자이기도 하다. 저서로 『팡세』, 『시골 친구에게 부치는 편지』 등이 있다.

치 씨는 다음과 같이 해석을 하여 이 문제를 잘 해결하려고 합니다.

그러나 도덕에는 공정한지 불공정한지의 기준도 갖추어져 있을 것이다. 어떤 제도가 공정한가 하는 질문은 도덕적으로 유의미하다. 따라서 자본주의라고 하는 제도는 사람들 사이의 공정성을 실현하는 제도인지, 아니면 방해하는 제도인지를 따질 수 있지 않을까. 그런 점에서 자본주의와 윤리라는 문제의 설정은 유효한 것으로 생각된다. (『윤리 공간에 대한 질문』 p.197)

즉, 개인의 책임에만 주목해서 선악을 따져 볼 것이 아니라, 공정한지 불공정한지의 기준을 집어넣으면 개인의 행위가 아니더라도 도덕적 판단이 가능해진다는 셈입니다.

바로 그런 관점에서 최근 이 문제를 날카롭게 논한 것이 하버드 대학의 마이클 샌델 교수입니다. 그는 시장(市場)에 도덕적 관점이 결여되어 있는 것을 문제시하고 다음과 같이 호소합니다.

이런 사례들로부터 보다 일반적인 논점이 분명해진다. 인간이 살아가는 데 있어 소중한 것 중에는, 상품화하면 부패하고 타락하

● ● ● 마이클 샌델(1953~) 미국의 정치 철학자. 하버드 대학 교수. 공동체주의적 입장에서 도덕적 논의를 행할 필요성을 말하였다. 1980년대에 롤스를 비판하고 자유주의적 공동체 주의 논쟁을 일으켰다. 최근에는 시장의 도덕성에 대한 발언을 전개하고 있다. 저서로 『정의란 무엇인가』, 『자유주의와 정의의 한계』 등이 있다.

는 것들이 있기 마련이다. 따라서 시장이라는 곳이 어울리는 장소는 어디이고, 또 일정한 거리를 유지해야 하는 장소는 어디인가를 결정하려면, 문제가 되는 선(善)—건강, 교육, 가정생활, 자연, 예술, 시민의 의무 등—의 가치를 어떻게 측정해야 하는지를 결정해야만 한다. 이것은 단순한 경제 문제가 아니라 도덕적·정치적인 문제이다. 문제를 해결하기 위해서는 그러한 선(善)의 도덕적인 의미와 그 가치를 측정하는 것에 어울리는 방법을 사례별로 논의할 필요가 있다. (『돈으로 살 수 없는 것들』 p.22)

샌델은 도덕적 논의를 제대로 해서 시장의 폭주에 제동을 걸자고 호소합니다. 그는 선(善)이라는 단어를 사용하고 있지만 마부치 씨가 말하는 공정함이라고 이해해도 좋습니다. 이와 같이, 시장의 발전을 꾀하는 이기심에 제동을 건다는 논점은 오래되고도 새로운 것입니다. 거꾸로 말하면, 스미스의 시대에서부터 3세기가 지난 지금도 문제점은 조금도 해결되지 않았다는 말입니다.

그렇기 때문에 지금 더더욱 허영을 길들이라고 하는 스미스의 호소에 귀를 기울일 필요가 있는 것입니다. 문제는 그것을 길들이는 방법에 있다고 할 수 있습니다. 제가 주목하는 것은 허영(또는 허영심)을 이끄는 교육에 대한 논의입니다. 먼저 스미스는 오만과 허영을 구별합니다(그림 5-5 오만과 허영의 차이).

> 오만한 사람은 통상적으로 자기 자신에 대해 상당히 만족하고 있기 때문에, 그의 성격을 고칠 필요가 있다고는 생각하지 않는다. 자신이 전적으로 완벽하다고 느끼는 사람은 당연히 더 이상의 어떤 개선의 노력도 경멸한다. (스미스·하, p.204)

자기 자신을 완전하다고 생각하는 오만한 사람은 개선의 여지가 없다고 합니다. 스스로가 완전하다고 생각하는데 당연히 그 이상 나아질 것을 상상할 수는 없을 것입니다. 노력할 필요도 없겠지요. 다만, 인간은 완전할 수 없다는 것이 문제입니다. 정말로 완전하다면 더할 나위 없겠지만, 실제로는 그렇지 않습니다. 그렇기 때문에 노력도 개선도

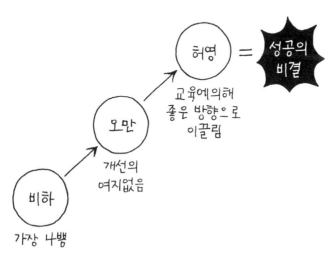

| 그림 5-5 | 오만과 허영의 차이

하지 않기에 그 사람은 더 이상 성장하지 않는 것입니다.

여기서 생각나는 것이, 고대 그리스의 철학자 소크라테스가 말한 '무지(無知)의 지(知)'입니다. 소크라테스는 자신이 가장 똑똑하다는 계시를 들었지만, 당연히 믿을 수 없었습니다. 그래서 현자(賢者)라 불리는 소피스트들과 토론하여 진위를 가리려고 합니다. 그러자 어땠을까요? 자신은 완전하다고 주장하는 소피스트들은 모두 무지한 것으로 판명되었습니다. 즉, 아는 체를 하고 있었던 것뿐이지요.

그리하여 소크라테스는 자신은 아무것도 모른다고 겸허하게 받아들일수록 보다 더 현명해질 수 있는 기회가 있다는 것을 깨닫게 됩니다. 이것이 '무지의 지'가 의미하는 바입니다.

요컨대, 자신이 완전하다고 상대를 깔보는 오만한 소피스트는 더 이상 현명해질 수 없지만, 겸허한 소크라테스는 아직 현명해질 수 있는 여지가 있다는 것입니다. 스미스도 오만과 달리 허영은 좋아질 수 있다고 지지하고 있으므로, 어느 쪽인가 하면 소크라테스의 '무지의 지'의 입장에 가까운 것 같습니다. 그것은 다음의 표현에서 엿볼 수 있습니다.

허영이 많은 사람의 경우에는 흔히 이와는 완전히 다르다. 다른

• • • 소크라테스(기원전 469경~기원전 399) 고대 그리스의 철학자. 소피스트라고 불리는 궤변가들에게 차례로 질문을 던져, 아무것도 알지 못한다는 사실을 겸허히 받아들이는 것이 좋다는 의미의 '무지의 지'를 깨닫는다. 진리를 탐구하기 위한 이 질문은 '문답법'이라 불리고, 그 후 철학의 기본 스타일이 되었다. 철학(필로소피)이라는 말은 소크라테스가 만든 지성을 사랑한다는 뜻의 애지(愛知, 필로소피아)에서 유래한다. 저서는 남아 있지 않다

사람들의 존중과 감탄을 받고 싶어 하는 욕구가, 존중과 감탄의 자연스럽고 적절한 대상인 그들의 자질과 재능에 관한 것일 경우에는, 그것은 진정한 영광에 대한 진실한 사랑이며, 그러한 사랑은 인간의 본성 중에서 최선의 정념은 아니더라도 최선의 것 중의 하나임은 확실하다. (스미스 · 하, p.204)

허영도 무조건 좋은 것이라고 말할 수 없지만, 좋은 방향으로 이끌 수는 있다는 것입니다. 이것은 우리가 평소 허영이라는 말에 담고 있는 이미지와는 전혀 다른 것입니다. 또한, 지금까지 스미스 자신이 사용한 허영이라는 말의 이미지와도 다릅니다. 물론 허영은 그 자체로는 바람직하지 않지만, 잘 길들이면 거대한 에너지가 될 수 있다고 합니다. 즉, **허영을 길들임으로써 성공을 향한 문이 열릴 수 있다**는, 대담하면서도 참신한 제언인 것이지요.

허영처럼 꼭 긍정적인 이미지가 아닌 개념이 있다면 그것을 대신할 긍정적인 개념을 모색하는 것이 통상적인 방법입니다. 허영은 안 되니까 다른 것으로 하자는 식으로. 그러나 스미스는 그런 선택을 하지 않고, 반대로 오히려 허영을 길들이자고 한 것입니다.

그만큼 '허영' 이라는 개념에 숨겨진 에너지가 있다고 여겼나 봅니다. 그게 아니라면 그렇게 고집할 필요는 없었을 테니까요. 예를 들면, 서유기 같은 것입니다. 삼장 법사의 제자들은 모두 악의 요괴들이었습니다. 손오공도 사오정도 저팔계도. 하지만 굉장한 힘을 가지고 있기에 삼장 법사는 그들을 길들여 최강의 제자로 만들어 냈습니다.

말하자면, 가지고 있는 **에너지는 크지만 벡터가 문제**인 셈인데, 그런 경우에는 벡터만 바꾸어 주면 됩니다. 강한 미움이 사랑으로 바뀌듯이. 혹은 크나큰 고통이 환희로 바뀌듯이. 어떤 의미에서는, 마이너스 측면을 잘 살려서 플러스로 바꾸는 발상의 역전을 한 셈입니다. 그것도 더 큰 플러스로 말이지요.

이것은 근대 독일의 철학자 헤겔의 변증법 개념에도 통하는 사고 방식이라 할 수 있습니다. 헤겔의 변증법(|그림 5-6| 헤겔의 변증법)은 '정(正, these)'에서 불가피적으로 생겨나는 '반(反, antithese)'을

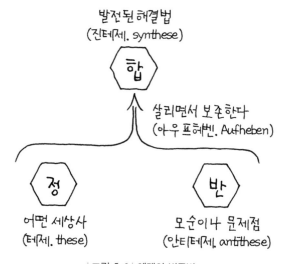

|그림 5-6| 헤겔의 변증법

잘라 내지 않고 오히려 그것을 살려서 더 발전된 상태인 '합(合, synthese)'으로 이끌어 간다는 논리적 사고입니다.

변증법이 마이너스 측면을 거두어들임으로써 보다 발전된 상태를 만들어 내듯이, 스미스의 이론도 보다 발전된 상태를 창출해 낼 수 있다는 논리입니다. 바람직하지 않은 허영에서 바람직한 허영으로. 그리고 허영을 바람직한 것으로 이끄는 방법이 교육이라는 것입니다.

교육의 위대한 비밀은 허영을 적절한 대상으로 향하게 하는 것이다. 그가 사소한 달성에 대해 자신을 높이 평가하도록 결코 허용해서는 안 된다. 그러나 정말로 중요한 일의 달성에 대해 그가 자부심을 느끼는 것을 꺾어서도 안 된다. (스미스 · 하, p.205)

그리고 이때의 교육은 앞에서 말했던 현명함을 나타내며, 또 허영은 나약함을 나타내고 있습니다. 나약함은 교육을 통해 좋은 방향으로 나아갈 수 있다. 저는 스미스가 그렇게 주장하고 있는 것처럼 생각됩니다. 생각해 보면 **욕망이 본능인 것에 비해, 절제나 성실함이라는 덕은 배울 수밖에 없습니다.** 그러므로 본능인 나약함을 교육이라는 형태의 현명함이 제어하게 되는 것입니다.

다만, 그렇게 되면 교육의 내용이 문제가 되기 시작합니다. 도대체 어떤 교육이 요구될 것인가?

우리는 고등학교 졸업까지만 해도 12년간이나 학교에서 교육을 받습니다. 인격이 형성되는 중요한 시기에 하루의 대부분을 그곳에서 보내는 것이지요. 그렇기에 이 시기의 교육은 상당히 중요합니다. 모든 과목이 다 중요하겠지만, 특히 도덕 시간이 직접적으로 인간성 교육에 관계됩니다.

제가 재삼 이 문제를 콕 집어 지적하는 것은 그렇게 중요한 도덕 교육이 제자리에서 맴돌고 있기 때문입니다. 절제나 성실함 같은 덕을 몸에 익히게 하는 것이 문자 그대로 도덕인데, 현실은 그것과 동떨어져 있습니다. 일찍이 아리스토텔레스는 **덕은 책으로는 배울 수 없고, 실천할 때에 비로소 익힐 수 있다**고 갈파했습니다.

그는, 사람들이 살아가는 목적으로 품었던 '최고선'에 도달하기 위해 두 가지 방법이 있다고 했습니다. 하나는 지성을 단련하는 것, 즉 지적인 탁월함이라는 것인데, 이것은 학습에 의해 가능해집니다. 다른 하나는 덕을 단련하는 것, 즉 도덕적인 탁월함으로 이것은 학습으로는 단련할 수 없는 종류의 것입니다. 덕은 학습이 아니라, 어디까지나 생활 속 실천에서 배워 가는 것이라는 뜻입니다.

전적으로 지당한 말씀이라고 생각합니다. 아무리 절제를 주제로 한 교과서 속 이야기를 설명해도 그것은 국어 수업에서 하는 것과 같은 것이지, 아이들에게 덕을 몸소 익히게 할 수는 없습니다. 기껏해야 지식으로서만 머리에 남을 뿐이지요.

스미스가 추구하는 현명함은 그런 겉핥기식 지식만으로는 아무리 해도 안 되는 것이라고 생각합니다. 시험의 빈칸 채우기 문제에서 위인이 말한 것은 '절제'라고 답했다 하더라도, 과연 그것을 실천할 수 있는 아이가 몇 명이나 있을까요?

현재의 학교 교육은 덕을 체득하게 하는 것의 의미를 지금 다시 한 번 생각해 볼 필요가 있다고 생각합니다.

또한, 현대의 교육에는 간과할 수 없는 또 하나의 커다란 문제가 있습니다. 그것은 모든 과목에서도 공통되는데, 너무 학생들을 칭찬하지 않는다는 점입니다. 학교에서 칭찬을 받은 경험보다 혼이 났던 경험이 많다는 사람이 대부분이지 않을까요? 우리는 야단맞기 위해 학교에 다니고 있는 것이 아닌데 말이지요.

그 점은 학교에만 국한되지 않고 사회에서도 마찬가지입니다. 현행 교육은 모난 돌이 심하게 정을 맞는 상황이 아닐는지요. 그것이 겸손한 사회인을 만들어 내고 있는 것일지도 모르지만, 그 부작용도 간과할 수 없습니다. 스미스의 다음 문장을 보고 배울 필요가 있을 것 같습니다.

> 거의 대부분의 경우에, 자신을 지나치게 비하하는 것보다 조금 지나친 오만이 어떤 면에서든 더 낫고, 자기 평가의 감정에서는 어느 정도 과대함이 어느 정도 부족한 것보다 그 자신에게나 중립적인 관찰자에게나 덜 불쾌하게 생각된다. (스미스·하, p.211)

앞에서 스미스는 오만은 개선의 여지가 없다고 단죄했는데, **지나치게 비하하는 것보다는 어느 정도 오만한 게 낫다**고 생각하는 것 같습니다. 이 점에 대해서는 시노하라 히사시 씨가 쓴 『애덤 스미스와 상식 철학』 속에서 다음과 같이 잘 설명하고 있습니다.

> 이상에서 볼 수 있는 결함된 측면이나, 허영과 오만이라는 '어휘'에 영향을 받아, 우리는 일반적으로 이 '악덕'에 대해서 우리가 비난하는 인물을 보통 수준보다도 더 낮게 평가하는 경향이 있으나, 이러한 경향에 대해서 스미스는 '오만한 사람'도 '허영심이 있는 사람'과 함께 보통 수준보다도 꽤 높다는 것을 강조하며, 그

들의 '과도한 자기 평가' 속에 진실한 우월성이 발견되는 경우에는, 각각 '존경해 마땅한 덕성'과 '마땅히 사랑받아야 할 덕성'의 성격을 띤 것으로서 평가하고 있다. (『애덤 스미스와 상식 철학』 p.266)

저도 그 의견에 동감합니다. **자기를 과소평가한 나머지 어떤 일을 할 의욕이 상실되고, 그 결과 성과도 오르지 않는다**고 생각할 수 있습니다. 그리고 문제는 그러한 과소한 자기 평가를 초래한 원인이 학교나 사회의 교육에 있다는 점입니다. 본래는 학생이나 부하 직원에게 의욕을 북돋우어 주고 자신감을 갖게 해야 하는데, 조직이라고 하는 것은 아무래도 야단치고 비난하고 의욕을 꺾는 경우가 많으니까요.

그러지 말고, 가령 아직 결과가 나오지 않더라도, 가능성이나 잠재 능력을 좀 더 중시해서 약간의 과대평가를 헤아 합니다. 그렇게 함으로써 본인도 자신감을 갖고 노력하게 될 것입니다. 야단치기보다 칭찬을 해야 합니다. 서양의 교육은 그것을 당연시합니다. 그래서인지 그들은 자신감에 가득 차 보입니다. 오만은 나쁘지만 자기 비하는 더욱더 나쁜 것입니다. 잘 길들일 수만 있다면 그나마 그 중간에 있는 허영이 가장 낫다고 할 수 있겠지요.

적어도 최근 몇 년 간, 일본에서 허영이 키워드가 되었다고는 들어 본 적이 없습니다. 하지만 앞으로 점점 더 글로벌 사회의 경쟁 속에서 치열하게 싸워 나가야 할 현대인들에게, 이 더티 히어로를 방불케 하는 허영이라는 개념이야말로 가장 필요한 것일지도 모릅니다.

5장 정리

돈은 애완물과 같은 것이라서, 마음의 평정을 영원히 약속해 주지는 않는다. 따라서 욕망이라는 나약함에 현명함으로 제동을 걸어 준다면 부(富)와 덕(德), 양쪽을 모두 추구할 수 있다.

Adam Smith, **Human Nature**

글로벌리즘에
어떻게
마주해야 하는가?

덕의 보편성

조국애와 글로벌한 덕은 양립하는가?

이제까지 소개한 스미스의 도덕에 관한 논의는 상당히 보편적인 것으로, 현대 사회에서 그대로 통용되는 내용이라고 할 수 있습니다. 그러나 그중에서 제가 가장 놀랐던 것은 앞으로 말씀드릴 글로벌한 도덕에 관한 논의입니다. 스미스의 시대에는 아직 세계화가 되기는커녕 당연하다는 듯이 각국이 전쟁을 하고 있던 시대입니다. 따라서 당연히 보편적인 덕과 글로벌한 덕에 대해서 논하는 것은 어떤 의미에서는 곤란했을 것입니다.

물론, 스미스도 그런 곤란함은 충분히 알고 있었으며, 글로벌한 덕의 형성에 대해서는 비관적인 견해를 보였다고도 할 수 있습니다. 즉, 그것을 방해하는 강한 조국애에 대해서, 강조하고 있는 것처럼 생각되기도 합니다. 다만, 그럼에도 글로벌한 덕을 향한 가능성을 시사하고 있는 점에는 주목할 필요가 있다고 생각합니다.

먼저, 관습에 관한 다음의 표현을 보겠습니다.

각종의 아름다움에 관한 우리의 감정은 관습과 유행에 따라 이처럼 크게 영향을 받기 때문에, 행동의 아름다움에 관한 우리의 감정이 이런 원칙들의 지배를 받지 않으리라고는 기대할 수 없다. 그러나 여기에서의 관습과 유행의 영향은 다른 어디에서보다도 훨씬 작다고 생각된다. 외적 대상이 어떤 형태든, 그것이 아무리 이치에 어긋나고 얼토당토않은 것이라도, 관습이 우리를 화합하지 못하게 하거나 혹은 유행이 그것을 쾌적하게 느끼지 못하게 하는 일은 아마도 없을 것이다. (스미스 · 하, p.64)

　말하자면, 각국의 관습은 다르지만 정의에 관한 관습은 보편적인 가능성이 있다는 것입니다. 그러나 조국에 대한 사랑이 그것을 방해합니다. 이것은 쉽게 상상해 볼 수 있을 것 같습니다. 왜냐하면, 현대 사회에서조차도 조국에 대한 사랑이 전쟁에 대한 장벽을 크게 낮추어 버리는 요인 중 하나이기 때문입니다.

　일본의 경우, 집단적 자위권을 인정할지 말지, 평화주의를 강조하는 헌법 제9조를 개정할지 말지. 앞장서서 전쟁을 하려고 하는 사람은 그다지 없겠지만, 그래도 집단적 자위권 행사나 제9조의 개정에 찬성하는 사람이 여전히 많은 것은 역시 조국애 때문일 것입니다.

조국을 둘러싼 주변의 군사적 위협이 고조되었다면, 어떻게든 조국을 지킬 필요가 있습니다. 따라서 유사시에는 전쟁도 불사하겠다는 발상을 하게 되는 것입니다.

세계는 여전히 독립된 개개의 주권 국가들로 구성되어 있습니다. 안타깝게도 모든 것은 국가 단위로 완결되어 있다는 것입니다. 우리가 살아가는 공동체는 국가인 것입니다. 적어도 다들 그렇게 생각하고 있습니다. 스미스의 통찰도 거기에 있습니다.

> 우리 자신의 국민에 대한 사랑은 종종 우리로 하여금 가까운 이웃 국민의 번영과 세력 확장에 대해 훨씬 악의적이고 적의와 질투심으로 바라보게 한다. 인접한 독립 국가의 국민은 그들 사이의 논쟁을 결정할 공통의 상위자가 없기 때문에, 그들은 끊임없는 공포와 의심 속에서 살아간다. 모든 주권 국가의 국민들은 이웃 국민들로부터 거의 정의를 기대하지 않기 때문에 그들을 대할 때도 자신의 국민이 그들에게 기대하는 것과 같은 정도로 얼마 되지 않는 정의를 갖고 대하려고 하는 입장이다. (스미스 · 하, p.132)

국민은 다른 나라의 국민을 질투하고 시기심을 품고, 그에 동반하여 국가 그 자체가 다른 국가에 대해 시기심을 품게 된다. 그러면 모처럼 자국 내에서 육성된 정의(正義)도 다른 국가에 대해서는 적용되지 않게 됩니다. 상대가 부여하는 정의만큼만 똑같이 되돌려 줄 뿐이지요. 반대로 말하면, 상대가 정의에 위배되는 행동을 하면 이쪽에서도 똑같이 응한다. 그러한 연장선상에 전쟁이 있는 것입니다.

그렇게 되는 이유는 국민 개개인이 그렇기 때문입니다. 국민과 국가를 형성하고 있는 것은 한 사람 한 사람의 인간입니다. 그 한 사람 한 사람이 시기와 질투를 버리지 않는 한, 이 상태는 언제까지나 변함이 없습니다. 스미스는 다음과 같이 말했습니다.

> 두 국가의 국민이 충돌할 때, 각각의 시민들은 그의 행동에 대해서 외국 국민이 느낄 감정들을 거의 배려하지 않고, 오로지 그의 야심은 그 자신의 동포 시민들의 명확한 동의를 획득하는 것에 있다. (스미스 · 상, p.445)

마음속에 평화의 요새를 구축하기를 호소하는 유네스코 헌장처럼, 스미스는 **보편적인 덕도 한 사람 한 사람의 마음에서부터 형성되어 있다**고 말하고 싶은 것입니다.

여기서 떠오르는 생각은, 마찬가지로 한 사람 한 사람의 애국심이 전쟁을 야기시킨다고 말한 헤겔의 논리입니다.

헤겔은 스미스가 이 세상을 떠났을 때는 아직 학생이었습니다. 따라서 동시대 사람이라고까지는 말할 수 없지만, 마찬가지로 각국이 격전을 벌이는 근대 유럽의 현실을 보며, 역시 전쟁의 불가피성을 논하고 있습니다.

그러나 국가는 개체이며, 개체성에는 부정(否定)의 기능이 본질적으로 포함되어 있다. 그렇기 때문에 아무리 한 무리의 국가가 하나의 가족으로 만들어져 있다 하더라도, 이 결합체는 개체성으로 보면 분명히 자기 자신에게 있어 대립 대상을 만들고, 틀림없이 적을 낳을 것이다.

전쟁의 결과, 민족은 단지 강력해지기만 하는 것이 아니다. 국내에서 서로 반목하는 국민은 외국과의 전쟁으로 인해 국내의 평온을 얻을 수 있다. (헤겔, 『법철학』 Ⅱ 324절 추가, p.407)

여기서는 명백히 조국애가 보편적인 평화를 웃돌고 있음을 알 수 있습니다. 헤겔은 그 근거로 애국심을 사용하고 있는 것이지요. 국가를 최상위에 두게 되면, 어떻게든 다른 국가는, 자국의 평화와 번영을 가져오기 위한 수단으로써 이용하는 대상이 되고 맙니다. 조국애는 당연히 있어야 하지만, 전쟁을 없애려면 그것을 초월하는 무언가를 모색할 필요가 있습니다. 헤겔은 그것을 굳이 제시하지는 않았지만, 스미스의 사상에는 보편적 평화에 대한 어렴풋한 희망이 살짝 엿보입니다. 그것은 마땅히 글로벌한 덕이라고 불러야 하는 것이지요.

개인의 조국애를 초월하는 글로벌한 덕이란 대체 어떤 것일까요? 마지막으로 이 점에 대해 생각해 보겠습니다.

스미스의 코스모폴리타니즘

스미스는 조국애를 강조하는 한편, 인류애라는 단어를 사용하고 있습니다. **인류애를 통해 조국애가 초래하는 마이너스 측면을 극복하라**고 합니다. 앞에서도 언급했듯이, 스미스는 신학자이기도 합니다. 그러니 그의 마음속에 보편적인 인류애라는 사상이 흐르고 있다 해도 전혀 이상할 것이 없습니다. 그는 이렇게 말합니다.

> 그러한 발전에 있어서 각국의 국민들은 스스로 뛰어나도록 노력
> 해야 할 뿐만 아니라, 인류에 대한 사랑에 근거하여 이웃 나라의 사
> 람들이 뛰어난 것을 방해할 것이 아니라 촉진하도록 노력해야 한다.
> 이러한 것들은 모두 국민적 경쟁의 적절한 대상이지, 국민적 편견이
> 나 질투의 대상이 아니다. (스미스 · 하, p.134)

우리는 한 국가의 국민임과 동시에 한 사람의 인간입니다. 인류
중 한 사람입니다. 이런 무엇과도 바꿀 수 없는 사실에 주목한 스미스
는 거기서 보편적인 덕의 가능성을 찾아냈습니다. 스미스는 그런 보편
적인 덕을 '보편적 인애(仁愛)'라고 부르고 다음과 같이 설명합니다
(| 그림 6-1 | 덕의 보편성).

> 비록 우리의 효과적인 선행은, 그 범위가 우리 자신의 국가라고
> 하는 사회보다도 더 넓은 범위로 확장되는 경우가 거의 없다고 하더
> 라도, 우리의 선의(善意)는 어떤 경계로도 한정되지 않고 무한한 우
> 주를 포괄할 수 있다. (스미스 · 하, p.146)

물론 이러한 덕이 실현되기란, 그 당시로는 좀처럼 드문 경우였을 것입니다. 아니, 사실 지금도 거의 없다고 말할 수 있으니까요. 그러나 우리 인간의 선의는 모든 울타리를 뛰어넘어 우주 규모의 무한함을 포괄할 수 있다.—스미스는 그런 이상을 그렸던 것입니다.

인간의 나약함인 욕망은 쉽게 국경을 초월합니다. 이것은 스미스의 시대에서도 이미 그랬습니다. 그렇기에 전쟁을 반복하고 식민지를 확대해 나갔던 것이지요. 그것이 근대의 지구에서 벌어졌던 보통의 행위였던 것입니다.

그러나 동시에 스미스는 거기서 인간의 현명함인 덕을 발견했습니다. 한 나라 안에서 실현된 나약함과 현명함의 상보 관계(相補關係)가 지구 규모에서도 발휘되어 지구 전체에 질서와 번영을 초래한다. 그런 꿈을 꾸었던 것일까요? 물론 그것이 본격적으로 실현된 것은 스

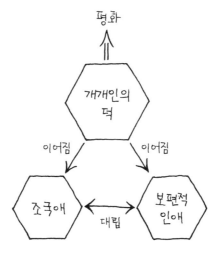

| 그림 6-1 | 덕의 보편성

미스가 이 세상에서 사라지고 한참 후의 일입니다.

21세기인 현재 지구가 하나로 이어진 글로벌 시대에, 우리는 스미스가 꾸었던 꿈을 계속해서 실현해 가고 있습니다. 국가가 서로 돕는 것은 물론이며, 그것을 위한 국제기관도 있습니다. 그리고 또 인터넷의 발달로 인해 개인 단위로 서로 돕는 것도 쉬워졌습니다.

참고로, 스미스는 국방이나 사법 행정, 공공 설비 같은 최소한의 서비스 이외에는 국가의 보호나 개입을 부정하고 시장 원리에 맡기는 게 효율적이라고 하는 '작은 정부' 론자입니다. 따라서 국가를 초월하여 자생적으로 서비스가 확대되어 가는 인터넷 시대의 사상에도 적절하다고 할 수 있습니다.

우리는 이런 움직임을 더 빠르게 하기 위해서도, 스미스가 남긴 지성의 유산을 활용해야 합니다. 그 유산이란, 스미스가 드러내기 시작한 질서와 번영의 본질이라고 해도 좋은 인간의 나약함과 현명함의 관계입니다.

인간의 나약함에서 시선을 회피하면, 모든 것은 위선으로 끝나 버립니다. 그리고 정체 상태에 빠져 버리는 것이지요. 이미 지구 전체에서 사회주의를 실현할 수 없다는 것은 누가 보아도 명백한 사실입니다. 그렇지 않고 부를 갈망하는 인간의 나약함을 계속 인정하면서, 현명함으로 거기에 제동을 걸어간다. 그런 국제 질서를 형성해 갈 필요가 있다고 생각합니다.

특히 일본인은 국제적인 문제에 대해 너무도 자각하지 못하고 있습니다. 국가도 그렇지만, 그것은 국가를 구성하는 한 사람 한 사람의 개인이 그렇기 때문일 것입니다. 어떤 국제적인 문제가 발생하면, 마치 거기에 휘말리는 것을 피하기라도 하듯 나서지 않습니다. 기껏해야 돈을 내는 경우는 있지만, 그것도 외교 관례 정도의 이야기입니다. 다른 나라도 하고 있으니 우리도 국력에 어울리는 기부를 해야 한다는 정도의 발상에서 말이지요. 개인으로 말할 것 같으면, 그런 뉴스를 보고, 강 건너 불구경하듯이 무관심으로 일관합니다.

오해하지 말았으면 싶은 것은, 결코 전쟁에 관여하자는 등의 야만적인 제안을 하고 있지는 않다는 점입니다. 오히려 완전히 그 반대로, 세계의 전쟁이나 분쟁을 없애기 위해서 훨씬 더 공헌할 수 있는 것이 있다고 생각합니다.

특히 대다수의 전쟁은 빈곤에 원인이 있다고 생각됩니다.

지구상의 모든 국가가 상호 의존을 더 심화하고, 지구가 하나로 되어 가는 지금, 다른 나라의 빈곤은 일본의 문제이기도 한 것입니다. 격차로 괴로워하는 다른 나라 사람들의 일을, 한 사람의 인간이 지닌 문제로서 파악할 필요가 있습니다. 이러한 발상을 정치 철학 세계에서는 코스모폴리타니즘(cosmopolitanism)이라고 합니다.

이 코스모폴리타니즘이 기초로 하고 있는 것은 인권의 보편성입니다. 그것은 바로 스미스가 주장하는 보편적인 덕을 말하는 것입니다. 학문상, 스미스를 코스모폴리타니즘의 시조로서 평가하는 경우는 별로 없지만, 적어도 그가 이미 18세기에 글로벌화를 간파한 도덕 철학을 설명했다는 점은 놓쳐서는 안 될 것입니다. 그런 의미에서라도, 『도덕감정론』에는 아직도 많은 가능성이 숨겨져 있다고 말할 수 있을 것 같습니다.

6장 정리

글로벌한 도덕 형성을 방해하는 것이 주권 국가를 바탕으로 하는 조국애이다. 그러나 덕은 한 사람 한 사람의 마음에서부터 형성되기 때문에 인류애를 통해 조국애의 마이너스적 측면은 극복할 수 있다.

Adam Smith, **Human Nature**

1773년, 스미스는 최초의 유서를 쓴다.

그 속에서 미간행 초고를 파기하도록 부탁했다고 한다.

이미 간행되었던 두 권의 저서 『도덕감정론』과 『국부론』에

어지간한 자신감이 있었기 때문일 것이다.

자신의 모든 것은 여기에 기록되었다고 하는,

1790년 애덤 스미스, 에든버러에서 영면에 들다.

2014년, 스미스의 고향 스코틀랜드의
독립을 묻는 주민 투표가 실행되었다.
어떤 일이 발생할 때마다 우리는
애덤 스미스의 사상을 되돌아보고
그 위대함을 깊이 깨닫게 된다.
아마 앞으로도 쭉……

마.치.며

보이지 않는 손이 연결하는 공공 철학

애덤 스미스의 입문서는 통상 『국부론』에 관한 것이거나, 아니면 『국부론』과 『도덕감정론』 2권을 세트로 소개하는 것뿐입니다. 다시 말해, 『도덕감정론』만으로 하는 입문서는 아주 드물다고 할 수 있지요.

역으로 그것은 『도덕감정론』이 조금 가볍게 여겨졌었다는 것을 말해 주고 있습니다. 그러나 이 책에서 다루어 왔듯이 『도덕감정론』에는 굉장한 의의가 있으며, 수많은 논점과 매력이 숨겨져 있습니다.

그래서 이 책에서는 일부러 『도덕감정론』에만 초점을 맞추기로 했습니다. 그렇게 하면 이 위대한 명저(名著)의 훌륭함이 두드러지지 않을까 하고 생각했기 때문입니다. 그리고 가능하면 논점이 입체적으로 떠오르게 관련된 다른 철학자의 사상이나 현대적인 논점을 아울러 살펴보았습니다. 이러한 시도가 성공적인지 아닌지는 독자 여러분의 평가에 맡겨야겠지요.

이와 같이, 『국부론』에 대한 기술을 의도적으로 피하기는 했지만,

그래도 끝으로 『도덕감정론』과 『국부론』의 관계에 대해서도 제 생각을 말해 보겠습니다.

한마디로 말하자면, 『국부론』에서 고찰된 것은 사회의 번영을 촉진하는 원리였습니다. 그러기 위해 스미스는 우선 종래의 경제 정책을 비판했습니다. 국가의 부강함은 곧 귀금속 축적이라고 여기는 중상주의(重商主義)에 대해서는, 식민지 확대에 의한 비용 증대와 특권 상인의 권세 남용을 초래했다고 하여 부정합니다. 그렇다고 해서 부(富)의 유일한 원천을 농업에서 찾고, 개인의 자유방임적인 경제 활동을 중시한 중농주의(重農主義)에도 문제가 있다고 보았습니다. 그 이유는 상공업도 부를 창출한다는 것을 경시하고 있었기 때문입니다.

그래서 스미스는 중농주의를 비판적으로 계승하는 형태로, 노동 그 자체에서 가치를 찾아내기에 이릅니다. '노동 가치설'이라고 하는 입장입니다. 여기서부터 노동 생산성을 높이는 것이 사회 전체의 번영으로 연결된다는 이치가 생겨나기 시작합니다. 이렇게 해서 자유주의 경제사상이 탄생하게 된 것입니다.

그리고 노동 생산성을 높이기 위해서는 분업과 자본 축적이라는 개념이 중요해지기 시작합니다. 즉, 분업을 함으로써 생산성이 높아지고, 공장에서 그것을 실현하려면 자본이 축적되지 않으면 안 된다는 것입니다.

특징적인 점은, 스미스가 경제 활동의 본질을 교환이라고 인식하고 있으며, 게다가 그 교환이라는 행위는 호혜(互惠)에 바탕을 둔 것이기 때문에 시장 자체가 호혜의 장이 된다는 논리입니다. 현대 사회에서는 치열한 경쟁의 장으로서 시장을 파악하는 경우가 많기 때문에 의외라고 여겨질지도 모르겠습니다. 하지만 잘 생각해 보면, 그저 서로를 파산시키는 장이라면 시장이 성립할 까닭이 없을 것입니다.

그리고 이런 시장에 적정한 가격을 초래하고, 적정한 호혜도 초래하는 것이 신의 '보이지 않는 손'이라고 합니다.

이 표현은『도덕감정론』과 마찬가지로『국부론』중에서도 단 한 번 등장합니다. 불필요한 개입을 하기보다, 차라리 '보이지 않는 손'에 의해 조화와 번영이 실현된다. 즉, 이 논리는『도덕감정론』과 전적으로 같습니다.

스미스는『도덕감정론』을 통해, 인간의 본질에 거슬러 올라가는 형태로 사회가 번영하는 구조를 밝혔습니다. 그 후에 쓴『국부론』에서는 같은 원리를 사용해, 한 나라의 경제가 번영하는 구조를 밝힌 것입니다. 그런 의미에서 그의 이 위대한 두 권의 저서는 '보이지 않는 손'이 연결하고 있다고 할 수 있겠습니다. 그래서 저는 이 두 권을 같은 원리를 사용해 다른 영역에서 설명하는 하나의 공공 철학으로 이해하고 싶습니다.

이 두 저서의 관계에 대해서는 두 가지 견해가 있습니다. 저처럼, 같은 원리를 설명한 일체의 것이라고 보는 입장이 있는 반면, 종래부터 주창되어 온『국부론』은 경제학에 관한 책,『도덕감정론』은 윤리와 도덕에 관한 책이라고 나누어서 이해하는 입장도 그 뿌리가 꽤 탄탄하다고 할 수 있습니다.

다만, 본서에서 명백히 밝혔듯이 도덕적 기초를 중시하는 스미스의 기본 사상에 비추어 생각한다면,『도덕감정론』에서 생성된 원리가 다양한 영역의 문제에도 응용되어 갔다고 생각하는 쪽이 타당하지 않을까요? 실제로 경제에 국한되지 않고, 스미스는 법에 대한 저서를 발표할 예정이었습니다. 그것은 이루어지지 못했지만, 아마 그 미지의 저서에서도, 앞의 두 권의 저서와 이어지는 '보이지 않는 손'이 딱 한 번 등장하지 않았을까요.

그것은 더 이상 상상에 불과한 것이겠지만, 이토록 훌륭한 유산을 받은 우리는 스미스의 유지(遺志)를 계승하여, 계속해서 다가올 새로운 문제에 그의 사상을 활용할 수 있을 것입니다. 본서가 그것을 위한 실마리가 된다면 더할 나위 없이 행복할 것입니다.

본서를 집필하면서, 수많은 분들의 도움을 받았습니다. 특히 집필할 기회를 주시고 구상 단계에서부터 완성에 이르기까지 밀착 지원을 해 주신 다이아몬드사의 시바타 무쓰미 씨에게는 이 자리를 빌려 감사의 말씀을 드리고 싶습니다.

끝으로, 이 책을 읽어 주신 모든 분들에게도 다시 한 번 감사의 말씀을 올립니다.

2014년 10월

오가와 히토시

| 주요 참고문헌 |

『애덤 스미스와 그 시대』
(니콜라스 필립슨 저, 나가이 다이스케 역, 하쿠스이샤, 2014년 7월)

『계몽 · 개혁 · 혁명』 (이와나미 강좌 정치 철학 제2권)
(오노 노리아키 · 가와사키 오사무 외 공동 편집, 이와나미서점, 2014년 4월)

『애덤 스미스의 철학 사고 (옥스포드 대학 PM시리즈)』
(D.D. 라파엘 저, 구보 요시카즈 역, 유쇼도출판, 1986년 6월)

『애덤 스미스』
(미즈다 히로시 저, 고단샤, 1997년 5월)

『자유주의적 덕, 공공 철학으로서의 자유주의를 향해』
(스티븐 마세도 저, 오가와 히토시 역, 후코샤, 2014년 8월)

『정의론』
(존 롤스 저, 가와모토 다카시 역, 기노쿠니야서점, 2010년 11월)

『국부론』
(애덤 스미스 저, 미즈다 히로시 외 역, 이와나미문고, 2000년 5월)

"Capital in the Twenty-First Century"
(Thomas Piketty, Belknap Press, 2014. 3. / 일본어판 『21세기 자본』 2014년 12월)

『포퓰리즘을 생각하다, 민주주의를 향한 재입문』
(요시다 도오루 저, NHK출판, 2011년 3월)

『법철학 II』
(헤겔 저, 후지노 아유미 · 아카사와 마사토시 역, 쥬코코론신샤, 2001년 11월)

『애덤 스미스 「도덕감정론」과 「국부론」의 세계』
(도메 다쿠오 저, 쥬오코론신샤, 2008년 3월)

『윤리 공간에 대한 물음, 응용 윤리학에서 세계를 보다』
(마부치 고지 저, 나카니시야출판, 2010년 4월)

『돈으로 살 수 없는 것들, 시장주의의 한계』
(마이클 샌델 저, 오니자와 시노부 역, 하야카와쇼보, 2013년 5월)

『애덤 스미스와 상식 철학, 스코틀랜드 계몽사상 연구』
(시노하라 히사시 저, 유히카쿠, 1986년 6월)

지은이_ 오가와 히토시

철학자. 도쿠야마 공업고등전문학교 준교수. 1970년 교토부 출생. 교토대학 법학부 졸업, 나고야 시립대학 대학원 박사 후기 과정 수료. 박사(인간 문화).
미국 프린스턴 대학 객원 연구원(2011년도). 상사맨, 프리터, 공무원 등의 이색 이력을 가진 철학자로서, 상점가에서 '철학 카페'를 주관하는 등 시민을 위한 철학을 실천하고 있다. 『인생이 바뀌는 철학 교실』, 『일주일 만에 갑자기 머리가 좋아지는 책』, 『피카소 사고』 등 다수의 저서가 있다.

옮긴이_ 김영주

대학에서 불어와 일본어를 전공하고 대학원에서 일본 근현대 문학으로 석사 과정을 졸업했다. 일본 문학을 비롯해 다양한 장르에서 전문 번역가로 활동하고 있으며 현재 장안대학 관광일본어과에 출강 중이다.
옮긴 책으로 『세 평의 행복, 연꽃 빌라』, 『일하지 않을 거야』, 『파이어플라이관 살인 사건』, 『괴도 퀸』, 『시간을 달리는 소녀』, 『헐리웃 헐리웃』, 『파프리카』, 『태양이 지면 만나러 갈게』, 『세상에서 가장 신비로운 우주 지도』, 『꿈틀꿈틀 애벌레 기차』, 『혼자 집 보는 날』 등이 있으며, 지은 책으로 『읽으면서 외우는 생생 일단어』가 있다.

「도덕감정론」에서 배우는 보다 나은 삶의 방식

애덤 스미스, 인간의 본질

초판 1쇄 발행 | 2015년 8월 5일
초판 2쇄 발행 | 2019년 4월 30일
지은이 | 오가와 히토시
옮긴이 | 김영주
펴낸이 | 민정홍
펴낸곳 | 이노다임북스
디자인 | 방현돈(컬러팝)
등록 | 제324-2014-000049호
주소 | 서울시 강동구 고덕로 97길 29
전화 | 02-426-7960
팩스 | 070-4130-7960
전자우편 | innodigmbook@naver.com
블로그 | http://blog.naver.com/innodigmbook

ISBN 979-11-953633-1-5 03160